第二次大戦の小径 ❶〜⓫＋ⒶⒷⒸ　（33頁）
2015年にシンガポール国家文物局は上記14か所の記念碑を含む50か所の戦争関連史跡を選定し、「第二次大戦の小径」（World War II Trail）と名付けた。50か所のうち記念碑が設置されいるのは20か所だ。詳細は下記、国家文物局のホームページ参照。
(http://www.nhb.gov.sg/places/trails/world-war-ii-trail/world-war-ii-trail---overview)

①古くからつながりがあった日本とシンガポール

ブギス・ジャンクションのアーケードは日本人街を復元している。「からゆきさん」がいたマライ通りとマラバー通の交差点。★MRT ブギス駅（EW12,DT14）

第一次大戦のころからイギリス軍はシンガポールの軍事施設を増強した。その時建てられた兵舎は、のち日本占領で捕虜収容所となり、今は建物を使った飲食スポットのタングリン・ビレッジに。★MRTオーチャード駅（NS22）からバス（11201）

マレー鉄道のシンガポール駅は「昭南」駅となった。現在ここまでの鉄路は廃線となり、歴史ある駅舎は再利用を待っている。★MRTタンジョン・パガー駅（EW15）

イギリス軍は日本軍が南側から上陸すると考え、海岸沿いにトーチカを構築した。★ハウ・パー・ヴィラ駅（CC25）

日本軍とイギリス軍の最後の激戦地にあるブキ・チャンドゥ回想館はシンガポール戦、マレー人将校、華人の様子がわかる。56頁★MRTパシル・パンジャン駅（CC26）

日本の南進政策は資源獲得が主な目的であったことを示している戦時中のポスター（「Old Ford Factory」）★MRTブキ・バト駅（N32）またはビューティー・ワールド駅（DT5）からバス（43021）

孫中山南洋記念館の塀の内側には近年、近現代史を描いたレリーフが作られた。★MRTトア・パヨ駅（NS19）

旅行ガイドにないアジアを歩く

SINGAPORE

シンガポール

高嶋伸欣
鈴木　晶
高嶋　道
渡辺洋介

はじめに

権制限下の経済成長政策に成功している。欧米型の価値観が唯一絶対ではないと、世界に示したようにも見える。現在では1人当たりの国民所得で日本を追い越した。労働者が国内だけでは不足し、近隣諸国からの流入でしのいでいる。平均的賃金は上昇を続け、「政労資三位一体」などのスローガンの下にあった旧来の労働者の待遇は、大幅に改善されている。しかしそれは、酷しい肉体労働や危険、不潔な部門は外国人労働者が担う構造によって支えられている。

クリーンシティ

シンガポールが、欧米諸国の企業に評価されたことの一つは、汚職の徹底した摘発と排除だった。それが、ゴミのない都市国家「クリーンシティ」というイメージ戦略との相乗効果を産み、企業進出だけでなく、観光客の誘致にも貢献することになった。1980年代にはリー・クアンユー首相が「Learn From Japan(日本に学べ)」キャンペーンを展開し、日本社会の勤勉さを手本にしようと提唱した。これが、現在の高い対日好感度のベースにある。

和解とは?

並行して、日本の中でも東南アジアのイメージは、貧しく野蛮で不潔な治安の悪い地域から、身近な同じ肌色の人々の社会に変わった。最近では中学・高校の修学旅行で訪れる学校も増えている。これからの世代が、交流の機会を増やすことが確実となっている。

その際に、旧日本軍が東南アジアに残した傷跡から目をそらすことなく、侵略の歴史的事実を正面から受け止めること。それが世代を超えた和解には不可欠であると、私たちは信じている。そのための手がかりを本書では集めた。

姉妹編『旅行ガイドにないアジアを歩く──マレーシア』と共に、尋ね歩きに役立つことを願ってやまない。

髙嶋伸欣

▲中華総商会が毎年「血債の塔」前で開催している追悼式に参列するシンガポールの子どもたち。2013年2月15日

▲シンガポールに建つ「血債の塔」 1942年のシンガポール占領直後に、日本軍は多数の中国系住民を虐殺しました。犠牲者の追悼のため、シンガポール国民の寄付金によって、1967年にこの塔が建てられました。高さ68m。
『わたしたちの中学社会』(日本書籍新社2010年)

▲日本軍による犠牲者の記念碑 シンガポールでは、多くの中国系市民などが、日本軍に非協力的だとして殺害されました。
『新しい社会 歴史』(東京書籍2011年)

もくじ

前見返し・シンガポール地図
後ろ見返し・MRT路線図
口絵

はじめに ·· 8
安くて便利——MRTとバスでシンガポールを移動する ··················· 14

1章　シンガポールを知りたい

1　「国語」を模索し続ける国 ··· 16
2　外国人に頼る経済発展 ··· 18
3　発端は工業化の成功だった
　　——工業立国の「救いの神」となった石川島播磨と三菱重工 ··· 20
4　中継貿易の衰退と観光業の振興 ································· 22
5　観光戦略の要は？—MICE！
　　——国際会議場や見本市の整備と誘致 ·················· 26
6　投資国家化するシンガポール ······································ 27
7　国内治安法とマスコミ ··· 34
8　厳しい選択課程の教育制度 ·· 40
　　コラム　ラッフルズ・ホテル ···································· 24
　　コラム　ホッカーに見るシンガポールの食事情 ··········· 28
　　コラム　安い！美味しい！バラエティーがある！ ·········· 30
　　コラム　日常生活の中に国際交流がある ·················· 32
　　コラム　リー・クアンユー語録 ······························· 38
　　コラム　女性の社会進出を支えているのは？ ············· 42

2章　シンガポール史の中の日本

1　シンガポール略史 ——早くからあった日本とのつながり ············· 44
2　シンガポール空襲からマレー沖海戦の「大勝利」へ ············· 50
3　「大検証」—— 日本軍による華僑虐殺 ························ 52
4　「昭南島」の人びとの暮らし ——昭南神社・最敬礼・奉納金 ········· 58

◆本文項目末のアルファベットは執筆者を表します。
　TA：髙嶋伸欣　　SU：鈴木　晶　　MI：髙嶋　道　　WA：渡辺洋介

●人名・地名の表記について：
　先にカタカナ、カッコ内にアルファベット表記をいれました。

　◆本書の執筆に当たっては、これまでの長年の調査、交流などを通じて多くの
皆さんのお世話になりました。地元の華人組織、中華総商会や晩晴園理事会、
さらには日本人会の皆さん、多くの証言者にも出会い、協力していただきまし
た。また柯冰蓉さん、林少彬さん、頼亜橋さんをはじめ多くの方々から心強い
ご支援をいただき、本書ができあがりました。心からお礼を申しあげます。あ
りがとうございました。
　　　　　　　　　　　　　　　　　　　　　　　　　　　　　　（執筆者一同）

●地下鉄（MRT）による道順案内では、East West LineをEWとするなど路線
別の略号による駅の表示を用いています。路線別の略号は76頁又は後ろ見返
しのMRT路線図を参照して下さい。

●なお、掲載した写真では林少彬氏（表紙と口絵の数枚）、澤田猛氏(115頁)に
ご協力をいただきました。

●本書は、「一人でシンガポールを旅する」方が使いやすいように、をめざして
つくっています。そのための地図や案内表記をいれました。しかしシンガポー
ルは、MRTの路線は増え続け、街は変わり続けています。
　　読者が訪ねた場所での情報を下記梨の木舎のメールにお寄せください。お待
ちしています。
　　　nashinoki-sha@jca.apc.org

■本書の校了直前に、「旧フォード工場記念館」（122頁）がリニューアルのた
めに2016年2月16日から休館するという情報が入りました。再開館は、1年
後の17年2月15日（シンガポール陥落75年目）が予定されています。シンガ
ポールは今も暗黒の「昭南時代」を語り継いでいます。122頁の記述を再開館
後の展示との比較などにご活用ください。

13

安くて便利──MRTとバスでシンガポールを移動する

▲TORANSPORT GUIDE と同MAP の表紙

▲同GUIDEから──CARTON HOTEL横のバス停部分

　久しぶりにチャンギ空港から朝の通勤時間帯の地下鉄MRTの幹線EW線に乗った。大きな荷物で気が引けたが、新線の乗り換え駅のたびに下車する人が多く、中心部までの以前のような押し合いの混雑はなかった。経済発展による人口増加に併せ、MRTの新線建設が島内各地で、急ピッチに進んでいる。将来計画も目白押しで、マレー半島への乗り入れも決まっている（トンネルか架橋かは未定）。シンガポール滞在中に一度はMRTに乗ってみよう。注目は新線の先頭車両で、運転席がない。無人の自動運転になっている。
　地上のバス路線も多数あって意外に長い路線もある。二階建ての上部最前列の席から楽しむのも良い。ただしラップ広告で窓が覆われている時は、眼が疲れる。目的地なしにバスで景色を眺めたい場合、下車した道の反対側の停留所から乗車すれば出発点に戻れる。一方通行の場合は、1ブロック離れたルートになる。運転手の大半は外国人労働者だが、路線沿いの目的地については詳しいので、頼んでおけば下車地点で声を掛けてくれる。
　MRTとバスの両方に通用するタッチ式のプリペイドカード EZ Link Cardの使用が簡便で、割安になる。
　タクシー料金は日本よりも安いが、拾いにくく、別料金の加算などがある。MRTとバスによる歩き回りが、ほぼ全島でできる。その場合には、事前に書店で Public Transport Guide や PUBLIC TRNSPORT MAP などを購入して、目的地への順路をメモしておくとよい。前者にはバス停留所ごとにそこを通る路線の番号が載っている。ホテル近辺のバス停の路線番号をメモしておくと、帰路には直接ホテル横に着くバスを見つけたりもできる。
＊日本版ナビタイムに該当する乗り物案内もある。そのアドレスは、
http://gothere.sg/m　　　　　（TA）

1章

シンガポールを知りたい

1 「国語」を模索し続ける国

▲ジュロン・イーストの駅

▲多民族の人々が行き交う

▲案内表示も4つの公用語

「シンガポール語」?

「シンガポール語ってな〜に?」と聞かれることがある。

シンガポールでは人口比と異なり、国語はマレー語、公用語がマレー語、英語、中国語、タミール語となっている。シンガポールの言語政策は、国内的には多民族国家としてのバランスとアイデンティティで、国際社会の中ではビジネスや観光立国をどう進めるかで揺れている。

19世紀以降、シンガポールは東南アジアの物産の集散地として、インドからは綿布やアヘン、中国からは茶・絹などの産物が輸入され、また各地への輸出も増えた。物産だけではない。中国、マレー半島やインドから労働者・商人が多数やって来た。日本からも明治時代に移民がやってきた。こうして多民族国家・シンガポールが構成された。

なぜマレー語が公用語になったか

第2次世界大戦後、シンガポールはイギリスの植民地に戻ったが、植民地独立の世界的潮流の中で、1948年に立法評議会、55年に立法議会という形で自治権を獲得した。56年、立法議会は「華語教育に関する報告書」を決議して、4言語を平等とし、マレー語を国語とする一方で、経済用語として英語を重視した。59年に自治州となり、人民行動党（PAP）が政権を担うと、マラヤ連邦との統合を前提にマレー化政策、マレー語習得キャンペーンが進められた。63年8月にシンガ

16

ポールは独立し、翌9月にはマレーシア連邦発足に加わる。

しかしこの頃、冷戦の深刻化で情勢は緊迫化する。

華人の多さから、社会主義国の中華人民共和国との関わりを隣国マレーシアやインドネシアから警戒され、またマレー系と中国系の民族対立もあり、65年にはマレーシアから分離、独立せざるを得なかった。

国語はマレー語、元首はマレー人という基本は変えなかったが、英語中心の道を歩み始めるようになった。各民族から中立的な言語であり、国際ビジネスにも有用であったからだ。

具体的には、66年に教育現場で2言語政策を導入し、英語学習を義務付け、エスニック・グループの母語を第2言語とした。

日常言語の英語化が進行し、同時に若年層に欧米的価値観も普及していくと、第2言語は付属的になっていった。

67年のASEAN結成を背景に、翌年から本格化した外資導入政策は、さらに英語の必要性を高めることとなった。ただしこの時点では、英語によるナショナル・アイデンティティ形成までは目指されず、英語を使用する「人間づくり」は徹底しなかった。やがてそれが政策の見直しにつながる。

「中国語を話そう」

79年になって、政府は＝Speak Mandarin (Campaign)をはじめた。このころシンガポールの華人たちは、信仰心の厚いマレー人、インド人たちと比べて、精神的なよりどころを見失い始めていた。公共住宅の民族混住政策はその違いを明白にした。世代間の断絶も目立ってきた。また若い世代への欧米的価値観の浸透に伴い、人権面からの政府批判が拡がった。そのため、キャンペーンと同時に華人への愛国心教育が推進された。

82年からは学校で宗教知識教育が必修化された。幼少時からアジアの伝統的価値は儒教だと教えられた。それは、政治指導者に敬意を持たせようとする意図だった。しかし、儒教よりもキリスト教が華人に浸透していたことや、必修化によりキリスト教団体の活動が過熱したため、90年には宗教調和法で宗教団体の活動を制限するようにした。

「愛国心」を育てるために

90年代に入ると、政権党・人民行動党は若年層の支持が低下したため、国家によるナショナル・アイデンティティの創出に本腰を入れる。それが愛国心教育強化策＝Shared Values（国民共有価値）だった。そこでは個人よりも社会、社会よりも国家を優先し、社会の基本的単位は家族であることが強調された。2005年、リー首相みずからが『中国語の語学力を保つ―リー・クアンユーの語学学習体験』を出版するなど、この路線を後押しした。

英語と中国語両方の重要性、中国語の標準化、中国系中心の人口構成と多民族国家ゆえの国民統合のかじ取りの必要性など、シンガポール政府の政策は、政権の維持と国際情勢の変化、そして市民のアイデンティティ形成と切り離せない。

政府の言語政策でのかじ取りは、大きな流れとしては功を奏していると言えるが、他方で生活と言語のかかわりの深さは、簡単にはコントロールできないことを感じさせられる。「シンガポール語」は何語に落ち着くだろうか。　　　　（SU）

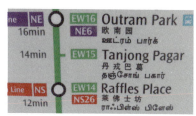

▲駅名の表示も多言語

1章　シンガポールを知りたい

2　外国人に頼る経済発展

▲超高層ビルが建ち並ぶシティ

　シンガポールは東京23区ほどの国土におよそ500万が住む小国だ。資源も農業もなく、国内市場は小さく、人材も限られている。こうした条件下で経済発展を遂げるには海外とつながる以外にない。シンガポールは、有能な外国人企業家を招き入れ、シンガポールでビジネスをしてもらい、労働力の不足は外国人で補い、生産した商品は海外に売るという方法で発展してきた。その結果、2013年の1人当たりのGDPは5万4776ドルに達した。この額は日本の3万8528ドルを大きく上回っている。

外国企業誘致による経済発展

　そんなシンガポールも独立直後は高い失業率に悩まされており、雇用の確保が急務だった。その手段として政府が打ち出したのが外資誘致による輸出産業の育成で、リー・クアンユー首相は1965年に「悪魔とでも貿易する」とまで述べ、経済発展に向けて並々ならぬ決意を示した。地元企業でなく外国企業を中心としたのは、当時のシンガポールの有力企業は中継貿易で財を成しており、工業化のための技術や海外市場進出のノウハウに乏しかったからだ。また、工業化による貿易業の相対的地位低下を恐れた地元企業が、政府主導の工業化に非協力的だったからでもあった。

　政府は投資を促すために外国企業100％出資の会社設立を認め、海外送金の自由を保障した。進出企業にとっては、税制上の優遇措置、汚職がなく優秀な官僚組織、低賃金で長時間働く労働力などが魅力だった。多くの日本企業も進出した。製造業における外国資本の割合は69年には54.2％に達した。

　この戦略が功を奏し、1966年から73年までのシンガポールの平均経済成長率は12.7％という驚異的なものと

なった。70年代初めには完全雇用が達成されて人手不足に陥り、外国人労働者が継続的に流入する素地となった。

外国人労働者の規制とその挫折

外国からの低賃金労働者の無秩序な流入を規制するため、81年に外国人労働者雇用税が導入された。低賃金労働による安価な製品を中心とした経済から、より付加価値の高い産業を中心とする経済へ構造転換を意図したものだった。転換を促すため、79年には国家賃金審議会（National Wages Council）が20%の賃上げ指針を示した。ところが、こうした高賃金政策は国際競争力の低下を招き、当時の世界景気の後退と相まって、85年には独立後初めてマイナス成長（-1.6%）を記録した。

これを機に政府は外国人低賃金労働者への規制を緩め、企業のコスト削減を支援した。同時に、政府は外資誘致に取り組み、86年に1.8%だった成長率は、87年には9.4%、88年には11.1%に急回復した。この回復を主導したのは製造業と金融業だったが、その背景には、85年のプラザ合意による円高で日本企業のシンガポールへの投資が活発化したこともあった。

その後も外国人労働者への規制は継続的に緩和され、2011年には労働人口の3分の1以上を外国人が占めるようになった。現在ではバスや地下鉄の運転手や車掌のほとんどは外国人で、その多くは英語ができないのが実情だ。

外国人依存からの脱却に向けて

2010年、政府の経済戦略委員会（Economic Strategies Committee）は、従来の労働力拡大による経済成長から生産性の向上による経済成長へ方針を転換するよう提言し、その一環として、外国人労働人口の総労働人口に占める割合を33%にまで減らすことを目標とした（13年の割合は38%）。ここに外国人労働力への依存による成長戦略からの脱却が始まった。この流れは、与党・人民行動党の経済政策が過度に外国人優遇との批判を受け、11年の総選挙で歴史的敗北を喫したことにより、おそらく不可逆的なものとなった。実際、リム・フンキャン・林勲強貿易産業相は12年に「過去5年間で毎年約12万人の雇用を創出したが、このうち4万人がシンガポール人で8万人が外国人だった。しかし、こうしたことは長くは続けられないと判断した」と述べ、外国人に過度に依存した成長路線の放棄を示唆した。しかし、生産性の向上だけで経済成長を続けるのは困難であり、いずれ外国人労働力への規制を緩めざるをえなくなる時がくるかもしれない。　　　（WA）

▲街を行く人々

3 発端は工業化の成功だった
――工業立国の「救いの神」となった石川島播磨と三菱重工

▲現在のジュロン地区。造船所で建設中の海底油田掘削やぐら

　シンガポールが1965年にマレーシア連邦から独立した際、当時のリー・クアンユー首相は「この小国が経済的に本当に自立していけるのか」という不安と責任の重圧で、ひそかに涙を流したという。

　中継貿易だけでは限界がある。そこでリー首相は外国資本の誘致による工業立国を目指すことにした。そのために必要な工業用地は本島西部のジュロン地域の湿地帯を埋め立てて造成することにした。この時の費用には日本政府からの2500万ドルずつの無償援助と有償援助が当てられた。これらの援助は「血債」にちなむ戦時中の住民虐殺に対する補償の意味で、日本政府が支出したものだった。

　ジュロンの広大な工業用地は、比較的順調に造成された。しかし、赤道直下での工業化政策を、世界中が「無謀」と受け止めていた。いわゆる先進工業国は欧米諸国と日本などで、中緯度地域に位置している。灼熱の赤道直下では昼寝が必要で、労働者の技術レベルも低いとみなされていた。税金の免除や労働者のスト禁止法などの誘致策を設けても企業進出の動きはなく、リー首相は巨費をドブに捨てた、と世界中からその無謀さを批判された。

　しかし数年後、ジュロンには多数の外国企業が進出し、まもなく同地区だけでは用地が不足する事態になった。現在では、マレーシア最南部のジョホール州にまで企業進出は及び、その勢いは止まることがない。ジュロンの工業化は、世界の常識を覆して、シンガポールの「奇跡」の第1歩となった。ではその常識はどのようにしてくつがえされたのか？

ジュロン地域への工場進出
　世界中が冷やかに見つめていた時、ジュロン地域への工場新設を決めた企業があった。日本の石川島播磨重工IHI

ととと三菱重工の2社だった。両社は造船部門では世界のトップ企業だった。その世界的企業が進出するのであれば大丈夫だろうということで、様子見をしていた各国の造船企業が相次いで誘致策に応じ、海岸に面した用地から埋まっていった。内陸側の用地にも、安い労賃に期待した労働集約型の企業が進出した。ではなぜIHIと三菱重工の2社は未知の赤道直下の工業化に応じたのか。

発端は1956年のスエズ動乱だった。エジプト政府によるスエズ運河国有化宣言に反発した英仏とイスラエルがエジプト領に侵攻し、スエズ運河は閉鎖された。このため、ペルシャ湾沿岸の安い中東石油をヨーロッパへ輸送するには、南アフリカの喜望峰を回航するしかなかった。1回の輸送コストを下げるために投入されたのが36万トンのマンモスタンカーだった。

当時そのような巨大船を建造する技術があったのは軍艦建造の経験を継承していた日本の大手企業、IHIと三菱重工くらいだった。IHIと三菱重工はここで一気に世界のトップに躍り出たのだった。

廃油垂れ流し海洋投棄

マンモスタンカーは中東と日本との間のオイルロードにも、投入されていた。投入から10年以上となり、タンカーの定期点検が必要となったが、ことは簡単でなかった。タンカーの場合、タンクの底に溜まっている廃油を外に出してからでないと、点検作業ができない。中東からの石油を陸揚げした後に廃油処理施設のある港に移動するか沖合に出て垂れ流しで、空にしてから造船所の点検ドックに入ることになる。この間の時間の無駄は、一方で巨大船の運用効率を低下させ、他方でコストの高騰になった。船主からはこの分のコスト削減の工夫が求められた。

そこで着目したのが、シンガポールで点検・修理をできるようにすることだった。日本からペルシャ湾に戻る途中、シンガポールまでの間に廃油を垂れ流して海洋投棄する。タンクが空になったところでジュロンの点検ドックに入る。点検と修理が終わればそこからペルシャ湾に向けて出発する。時間の無駄がなく、コストが最も少なくてすむ点検・修理態勢が、ここに生まれた。

こうして、日本とシンガポールを結ぶオイルロードは廃油垂れ流しルートともなった。沖縄や伊豆諸島の海岸が廃油で汚れ、沿岸漁業や観光に多くの被害が出たのは、こうした事情もあってのことだった。

やがて、廃油の海洋投棄は国際法で禁止された。夜陰に乗じての不法投棄は、人工衛星などによる夜間を含めた監視体制が整備されて厳しく取り締まられるようになった。現在では、不法投棄はほとんどされていない。

それでも、中東と日本との輸送ルートの途中に位置している有利さに変わりはなく、現在もジュロンでは大型船の点検・修理が活発に行われている。

現在では、日本の両社は技術指導などを続けながら、資本を地元企業などに譲り、撤退した形になっている。現地に行っても両社の社名が掲げられた建屋などは見当たらない。

ちなみに、こうした海上投棄を前提にした有利さも考慮して両社のジュロン進出が決まったとされる事情について、両社の地元岡山県相生市と長崎市では、広く知られていたという。

なお、現在のジュロン地区の海岸部を埋め尽くしている造船所では、海底油田の掘削に当たる海上プラットフォームのやぐらの建造が活発に行われている。ジュロン・バードパークにある展望台からそれらのやぐらが林立している様子を見ることができる。　　　　　　　（TA）

4 中継貿易の衰退と観光業の振興

▲シンガポール川に集まるはしけ（艀）（1960年代）

中継貿易の興隆と衰退

シンガポールは、イギリス植民地時代から海外とつながることによって発展を遂げてきた。ラッフルズがシンガポールに注目したのはなぜか？　ヨーロッパと中国を結ぶ貿易ルート上の要衝に位置し、両地域を往来する貿易船が給炭や休息で立ち寄る寄港地として、また、貿易商人が集まって商品の取引をする中継貿易の地として、最適な場所と考えたからだった。

イギリスはシンガポールを発展させる戦略として関税免除の自由貿易港とし、移民労働者も非課税とした。一方、オランダ支配下の港では、オランダが許可した一部の商人にのみ貿易を許し、高い関税を課していた。

自由貿易港がシンガポールにできて以降、それまでビンタン島などオランダ支配下の港で貿易をしていた有力商人ブギス人の多くがシンガポールに取引の場を移した。それにともなって、ブギス人の貿易パートナーであるアラブ商人やインド商人もシンガポールを訪れるようになった。こうして、各地の商人がシンガポールに集まるようになると、シンガポールは20世紀初めには、この地域の貿易、海運、銀行、保険などの中心となった。

ところが、1960年代にはシンガポールの中継貿易は衰退の色が明らかとなり、新たな産業の振興が急務となった。

観光業の振興

新たな産業として最も期待されたのは工業だったが、観光業も雇用の受け皿として期待された。そうした期待をこめて、政府は1964年にシンガポール観光振興局（Singapore Tourism

Promotion Board）を設立し、観光業振興の第1歩を踏み出した。

1970年代に入ると、政府は「庭園と近代的ホテル」というコンセプトのもと、シンガポールの近代的側面を売りにした観光振興戦略を立てた。政府は72年にセントーサ開発公社（Sentosa Development Corporation）を設立し、それまでイギリスの要塞でしかなかったセントーサ島にゴルフ・コースとアミューズメント・パークを建設した。

また政府は、中国、インド、マレーシアといったアジア各国の文化がシンガポール1ヵ所で楽しめる「インスタント・アジア」（一瞬で手軽に楽しめるアジア）というキャッチフレーズでシンガポールを売り込んだ。当時、中国やインドはインフラが整っておらず、これらの国に行くのは不安だが、中国やインドの文化には興味がある層をターゲットにした。

歴史遺産の観光化

こうしたキャンペーンにもかかわらず、1980年代半ばにはシンガポールを訪れる外国人の数は伸び悩んだ。その原因の1つは観光商品の魅力のなさにあり、その理由は、シンガポールがそれまで雇用の確保と近代化に集中してきたあまり、自然、文化、歴史を犠牲にしてきたことと関係があると指摘された。その指摘を受けて、政府は歴史的遺産を保存し、それを観光資源として利用する方向へ政策を転換した。

政府は1986年からS＄2億2300万円もの巨費を投じて、チャイナタウン、リトル・インディア、カンポン・グラムといった中国人、インド人、マレー人が集住する古い町並みや、ラッフルズ・ホテルなど歴史的建築物を保存した。しかし、伝統的家屋（shophouse）の保存は主として観光客を呼ぶために行っているにすぎず、そこに住む住民の生活を考慮していないと批判された。

カジノの誕生

1995年以降、シンガポールの観光収入は再び伸び悩んだ。その背景には、クリーンでまじめすぎるシンガポールは観光地としては退屈だ、と観光客の間で囁かれていたこともあった。こうした状況を打破すべく、経済再検討委員会（Economic Review Committee）は、2003年に独自の魅力ある観光商品の開発が必要と提言した。その流れを受けて10年に開業したのが、カジノを目玉とする総合リゾート（Integrated Resort）だ。その売り上げは11年には50億ドルに到達し、そのうちの約8割はカジノからの収入だった。カジノの創設には批判もあったが、こうした状況を見る限り、経済政策としてはまれに見る成功だったといえよう。 （WA）

▲カジノのあるマリーナ・ベイ・サンズ

1章　シンガポールを知りたい

コラム

ラッフルズ・ホテル

▲ホテル正面はビーチロードに面している。1887年開業当時は目の前が海だった

ラッフルズ・ホテルの誕生から現在まで

　ラッフルズ・ホテル（Raffles Hotel）は、「シンガポールの創立者」とも呼ばれるスタンフォード・ラッフルズの銅像がシティー・ホール前のパダン（広場）に建てられたのと同じ1887年に開業した。当時はホテル前のビーチ・ロードまで海が迫っていて、ホテルから美しい海を眺めることができた。

　1942年、日本軍がシンガポールを占領すると、同ホテルは昭南旅館と改称され、日本軍将校の宿泊施設となった。一説によると、その際に従業員の服装は和服となり、バンドが演奏する曲もジャズやクラシックから日本の軍歌や民謡に変わったという。また、日本軍は占領するとその地にまず料亭を作り、女性を侍らせ、商社員とともにドンチャン騒ぎをしたといわれる。そうした様子は現地人をして、「植民地を獲得すると、イギリス人はまず道路を整備し、フランス人は教会を建て、日本人は料亭と女を持ち込んだ」といわしめるに至った。

　1945年、日本が降伏し、同ホテルは一時的に日本兵を抑留する収容所として使われた。その後、営業を再開。87年には国定史跡（national monument）に指定され、89年の大規模改修を経て現在に至っている。

自由に入れるお勧めスポット

　ラッフルズ・ホテルはシンガポールの最高級ホテルで、1泊の料金は、時期にもよるが、1部屋約S$700～S$1000（約6万～9万円）になる。宿泊客以外は原則立入禁止だ。ホテルの玄関には伝統的な服装に身を包んだシーク教徒のドアマンがいて、宿泊客のふりをして中に入っても、それなりの服装をしていない限り、たいていはつまみ出されてしまう。一方、ホテルに隣接するラッフルズ・ホテル・アーケード（Raffles Hotel Arcade）には誰

でも自由に入ることができる。

中庭

まずお勧めしたいのが中庭（courtyard）だ。ここはもちろん入場無料。都会の真ん中に位置しているにもかかわらず、ここに入ると不思議と静かで、ゆったりとした南国の雰囲気を味わえる。たくさんの椅子が並べられているが、タダで座れるものと、座ると店から注文を取りに来るものがあるのでご注意を。店のメニューには名物カクテルのシンガポール・スリング（Singapore Sling）もあるが、ここではぐっとこらえ、本場のロング・バーへ行くことをお勧めしたい。

Long Bar

2階に上がるとロング・バーに辿り着く。ロング・バーに入ってまず驚かされるのは、床に散乱している落花生の殻。中国人のかつての習慣に倣ってか、食べ物のカスは床に捨てるのがこの流儀らしい。また、バンドの生演奏を聞くこともできる。

同ホテルによると、シンガポール・スリングはロング・バーのバーテンダー、ニャム・トンブン（Ngiam Tong Boon）により1915年に誕生した。当時のシンガポール・スリングは現在のものとはかなり異なり、そのレシピは継承されず、ロング・バーのメニューから消えていた。75年、ホテルの経営陣がシンガポール・スリングをホテルの宣伝に使おうと試み、ニャム・トンブンの甥にあたるニャム・ディーソウン（Ngiam Dee Saun）が新たなレシピでシンガポール・スリングを「復活」させた。これが、現在ロング・バーで出されている「オリジナルの」シンガポール・スリングとされている。

Ah Teng's Bakery

Ah Teng とは中国語でテンちゃん（漢字ではおそらく「鄧」）という意味で、この店はいわば「鄧ちゃんのパン屋さん」。親しみやすい店名に象徴されるように、ラッフルズ・ホテルにしては比較的カジュアルな店だ。ショーケースに並べてあるパン類やケーキから好きな物を選び、先に支払いを済ませ、自分でテーブルに持ち帰って食べるというファストフード・スタイルをとっている。値段も比較的手頃で、サンドイッチのセットはS$13（約1100円）だ。　　　　　　　　（WA）

▲復活したシンガポール・スリング

▲アーテンズ・ベーカリー＝「鄧ちゃんのパン屋さん」

5 観光戦略の要は?—MICE！
——国際会議場や見本市の整備と誘致

冷戦下でのシンガポールは、周辺国に刺激を与えないように貿易にも気を遣った。観光業は生き残るための経済政策として、早くから重視された。1964年に観光振興局が設立された。初代長官は映画産業界から招いた。とはいえ観光する場所が少ないので、「観光地」をつくりあげていったのだ。

1970年に、シンガポール・コンベンション・ビューローが設立され、ヒルトンなど4つのホテルがまず誘致された。そしてその発展形として、コンベンションでの集客力を利用した訪問客増加が図られた。90年代には、ホテル利用から脱皮して大規模コンベンション施設の建設が進んだ。95年から現在のサンテック・シンガポール国際会議展示場、その後シンガポール・エクスポ、ラッフルズシティ・コンベンション・センター、マリーナ・ベイ・サンズ・エキスポ&コンベンションセンターなどと急増。マリーナ・ベイ・サンズは、ユニークな建物デザインにカジノを導入し、IR（統合型リゾート）としてきわだっている。

コンベンション誘致の世界的な潮流

近年、世界的にコンベンション誘致は「MICE産業」（会議／Meeting、研修旅行／Incentive Travel、国際会議／Convention、展示・イベント／Exhibition・Event）と呼ばれ、集客競争が繰り広げられている。政府観光局ではエキシビション・コンベンション・マーケティング部がマーケティング戦略の立案・推進を担当している。

コンベンション客は、観光客に比べ滞在日数が多く、客単価も高い。イ

▲ ［血債の塔］の後にも広がる観光施設

メージアップのみならず、リピーター率が高くなり、平日利用も増える。シンガポールは充実した施設やアクセスのよさ、地域性ある文化資源、英語圏かつ中国系の住民が多いことで優位に立つ。会議終了後も、近隣国への投資やリゾート開発をすすめ、国内とセットにする戦略を進めている。こうした努力が実り、国際会議開催数が国別は2011年、都市別では07年から世界第1位となった（UIA／国際団体連合データ）。

2009年には、イベント誘致など観光産業全般への支援するBOOST制度（Building On Opportunities Strengthen Tourism）を導入した。例えばイベント開催費用への助成から、ゲストの出入国手続きの簡素化など多岐にわたっている。現在では来訪者数の約27％、観光収入の約40％がMICEで占められている。　　（SU）

6 投資国家化するシンガポール

マレーシアからの独立を余儀なくされたシンガポールは、経済的生き残り策として、国家開発型＋外貨依存型開発に取り組んだ。

政府主導で重工業を導入し、資本力のある先進国企業を経済発展の主体とした。石油精製業、化学品産業、電器産業などだ。進出促進のため外国企業100％出資の会社設立を認め、縦割り行政を排し、諸手続きは経済開発庁への「ワンストップ」化を進めた。1990年代に入ると金融業が急成長して、製造業と並ぶ2大産業になった。イギリス式法制度によるビジネスの標準化、ニューヨークとロンドンの2大金融センターの間に位置し、24時間取引が可能だったこと、が急成長を後押しした。

「ビジネスのしやすさ」ランキング1位

21世紀に入るとヘッジ・ファンドの拠点となるべく、誘致策を打ち出した。国内市場に参入せず、シンガポール・ドルを扱わない以外は大きな規制を設けず、欧米ファンドが集まっている。日本や香港はビジネスのルールが不明瞭とされる一方で、シンガポールには世界から人材が集まる。「世界金融センター指数」はロンドン、ニューヨーク、香港に次いで4位。「ビジネスのしやすさ」ランキング（Ease of doing business index／世界銀行グループ）は5年連続世界1だ。

政府は積極的に法人税率値下げを行っているが、一方で税収の落ち込みをカバーしようと消費税率を上げたため、低所得者層が増えている。「総合社会保障援助制度」（CSSA）といぅ生活保護の受給世帯は2006年度で約29万世帯、とこの15年で4倍に膨らんだ。経常支出に占めるCSSAの割合は90年度の1.6％から05年度には9.2％に達した（朝日新聞07.11.20付）。

2008年のサブプライム・ローン問題の時には、シンガポール政府系投資ファンドのテマセク・ホールディングス（TH）とシンガポール政府投資公社（GIC）が欧米金融機関の資本増強で存在感を示した。中東の政府系ファンドは石油が主な財源だがTH、GICは国庫金が投資財源で、政府が出資母体のため、出資者への配当の必要もない。

THは2007年に、「その国を象徴する企業への投資は控える」など「投資三原則」をアピールし、細心の注意を払っている（読売新聞08.3.10付）。GICは、福岡のホークスタウンなど日本のショッピングセンターやマンションも所有している。GDPの11.9％が金融・保険業、14.6％がビジネス・サービス業（政府統計局／2012年）だ。「株式会社シンガポール」は、投資国家色を強めている。　　　　（SU）

▲金融の中心地、ラッフルズ・プレイス

コラム

ホッカーに見るシンガポールの食事情

▲庶民の味方、ホッカーセンター

ホッカー・センターとは

　ホッカー・センター（hawker centre）とは、安価な料理や飲み物を売る屋台を集めた大衆食堂のことで、シンガポールの津々浦々に存在する。hawkerは英語で行商人という意味で、シンガポールでは通常「ホッカー」と発音される。標準英語では「ホーカー」だが、そう発音してもおそらく現地の人には通じない。

　シンガポールでは、かつて行商人が道端に屋台を構え、食事を提供していたが、不衛生な店が多かったという。そうした衛生上の問題を改善し、屋台を管理するため、シンガポール政府は1950年代に公共の屋台用スペースを建設し、免許制で行商人にそのスペースを貸し与えるようになった。これがホッカー・センターの始まりといわれる。

　ところで、ホッカー・センターと混同されやすいものにフード・コート（food court）とコーヒー・ショップ（coffee shop）がある。フード・コートはホッカーより高級で冷房設備を有するものをいい、コーヒー・ショップはホッカーより小規模で民間所有のものをいう。ちなみに、シンガポールでコーヒー・ショップというと、一般にはスターバックスのようなカフェではなく、大衆食堂のことを指す。このように厳密には3者は異なるが、ここでは、フード・コートやコーヒー・ショップを含めてホッカー・センターの事例として紹介したい。

世界のB級グルメが集まる庶民の味方

　ホッカー・センターは、とにかく値段が安い。庶民の味方だ。シンガポールの物価は日本とほとんど変わらないが、ホッカーは例外で、エコノミック・ライスと呼ばれるご飯とおかずのセット（おかずは通常3品ほどで好きな物を選べる）は、安い所なら1食約

1章 シンガポールを知りたい

▲シンガポールで人気の一品ラクサ、約400円

S$2.5（約220円）で食べられる。

ホッカーで売られているものを見ると、多民族国家シンガポールの日常生活を垣間見ることができる。各屋台には中華料理ばかりでなく、マレー料理、インド料理、西洋料理など各地の料理が並ぶ。このようにバラエティーに富むメニューを有するのは、シンガポール独特の理由がある。

シンガポールは、中国人とマレー人の民族対立を背景にマレーシアから追放される形で独立を余儀なくされたこともあり、民族問題には非常に気を使っている。民族対立を未然に防ぎ、国民統合を進めるため、住宅開発公社（Housing and Development Board）が運営する国営住宅には、1つの民族だけが固まって住めないようになっている。ホッカーは通常、複数民族が住む国営住宅に併設されているので、ホッカーには中華料理ばかりでなく、マレー料理やインド料理もほぼ必ず入っている。

また、順調に経済成長を続けたシンガポールでは、労働力不足を補うため、特に21世紀に入ってから大量の外国人が流入した。その結果、シンガポールの人口の約3分の1を外国人が占め、ホッカーにも世界各国の料理が並ぶようになった。現在では、従来からの料理に加え、日本料理、韓国料理、インドネシア料理なども定番メニューとなり、ホッカーは、世界各地のB級グルメを安価で楽しめる貴重な場となっている。

夜の飲酒に注意！

日本で庶民が飲みに行くのは居酒屋や立ち飲み屋であろうが、シンガポールで飲んべえが集う場所はホッカー・センターだ。シンガポールはお酒が高く、ちょっとしたバーでビールを飲んでも小瓶でS$10〜15（約900〜1350円）はする。ところが、ホッカーは話が別でS$7程度（約630円）で大瓶ビールにありつける。その結果、庶民の飲んべえはホッカーに集うことになる。

ホッカーに集う飲んべえは、圧倒的に男性で、特にオヤジが多い。そもそもシンガポール人女性でお酒を飲む人は、日本と比べるとかなり少ない。女性が飲酒するのは望ましくないという雰囲気が、特に年齢の高い層にあるからだ。一方、若い女性の中にはお酒を飲む人もいるが、残念ながらホッカーで飲む人はほとんどいない。おそらく、もう少しお洒落な場所でワインなどを飲みたいのだろう。ごくたまにホッカーで飲んでいる女性も見かけるが、たいていは日本人、韓国人といった外国人だ。

飲んべえには残念なことだが、2015年4月1日から、夜10時30分から翌朝7時までホッカーにおける酒類販売と道路や公園といった「公共の場」での飲酒が禁止となり、これに違反すると最高S$1000（約9万円）の罰金が科されることとなった。ホッカーは上述の「公共の場」にはあたらないが、ホッカーで購入したお酒を道路や公園で飲むと罰金を科される可能性があるので十分にご注意を。　　　　（WA）

コラム

安い！美味しい！バラエティーがある！

我孫子洋子

▲「外食産業を支えるのは私たちよ」

　10年前、駐在員の家族として、シンガポールに居を移して以来、アジア、ヨーロッパ、中東、アメリカと、機会を見つけて旅をしてきた。しかし、「外食」という点で、シンガポールほど食のバラエティーがあり、時にその内容が本国以上のレベルを保ち、また、家庭のダイニング代わりの外食サービスでさえ、美味しく、衛生的で、安価なものを提供できる国は他国にはなかった。それらは、来訪された様々な国のゲストをB級グルメからハイクラスレストランまでご案内した時の彼らの感想でもある。

　19世紀、中国やインドその他の国から仕事を求めて多くの移民が流れ込み、彼らのための食事が屋台で用意されたという食文化は、この国の外食の多様性を促した。経済発展を続けるシンガポール政府が、共働き家庭の「食生活」を下支えし、彼らの健康を守るため、経済面や衛生面でのサポートをしている点も大きい。

　しかし、アジアを網羅したような食のバラエティーがある一方で、今なおイギリス植民地時代の名残の「アフタヌーン・ティー」が各ホテルで人気を誇っている。

普段着の外食、ワンランク上の外食

　仕事のある日の普段着の外食と、週末や家族の行事でちょっと贅沢したい時の外食とでは、かける費用も場所も大きく異なるので、分けて考える必要がある。

　ホッカーセンターやフードコートでの日常的で簡単な食事は1人分S$3～4、それに飲み物を加えるというのが現在の1回分の相場である。それが、レストランとなると、料金が10倍20倍にアップし、しかも税金・サービス料17％が加算されるので、その請求額は日本のレストランよりずっと割高に感じられることだろう。

　現在の日本の外食産業と比べて何より違う点は、欧風や地元料理のレスト

ランで贅沢な外食をエンジョイしているのが、シニア層ではなく若者であるという点だ。ローカル色の濃い郊外のショッピングモールでも、日本食レストランはブームに乗ってどこも大賑わいで、しかも、今やそのほとんどがシンガポール人である。

料理はインスタントラーメンまで!?

たしかに、シンガポールの人口の76％を占める中国人は共働きが大半で、日々忙しく、また、購入した住宅の付加価値が下がるという理由で、台所が汚れることを強く嫌う傾向があり、外食が中心となる。

庭付き3階建ての広々とした邸宅のキッチンにガスコンロがないのを見たことがある。調理台には小さな流しとインスタントラーメン用の湯沸しポットが置かれているだけだ。来客時はメイドさんが、軒下に据えられた大きなガスボンベを使って屋台のように庭で料理すると聞いた。また、自宅の空き部屋を賃貸にする場合、「料理はインスタントラーメンまで」と契約時に決められていることも多い。

しかし、中国系であっても、料理好きな専業主婦の場合、朝、登校する子どもたちに簡単なサンドイッチを持たせ、家族の夕食も用意するという、日本と似た同様の家庭もある。

また、宗教上、食事に制限のあるマレー人（豚肉・アルコール禁止）やヒンドゥ教徒のインド人（牛肉禁止）は、家で調理することが中国人ファミリーよりずっと多い。彼女たちは、朝早く、市場で買い出しして調理、昼前には夕食ができ上がっているので、突然訪ねても食事を薦められることが多い。専業主婦が大半なのもその一因だろう。

夫婦共働きで普段外食が多くなる中国人ファミリーは、週末に主婦が腕をふるってチキンライスや美味しいスープを家族に用意したりする。逆に、毎日料理をする主婦たちは来客がない限り、週末は解放され、予算に応じて外食を楽しんでいるようだ。

住み込みでメイドさんを雇っている家庭の場合、彼女たちの作る料理が雇い主の好みに合わないケースが多く、「炒飯」などの簡単な料理を子供向けに作らせても、雇い主夫婦は、仕事帰りにホッカーに立ち寄り、テイクアウトにしたり、そこで食べたりしているようだ。調理技術のないメイドさんや、モスレムのメイドさんの場合、家族向けに用意された食事が豚肉料理であったときには、彼女の食事を雇い主が外で買ってくることもある。

シンガポールの食の頂点、プラナカン料理

多民族国家シンガポールの食のバラエティーの素晴らしさは言うまでもないが、その食文化の混合のトップに君臨する最高の料理が、「プラナカン料理」である。主に中国から仕事を求めて移住してきた人が現地のマレー人女性と結婚して作り上げてきたユニークな文化をプラナカン文化と呼ぶ。

食に関して言えば、中国料理のスキルとマレー料理のスパイス＆ハーブが見事に混じり合い、西洋文化の影響を受けた独特の色彩の食器に盛り付けられるということになる。これはまるで料理の国際結婚のように、繊細で美しく美味だ。

シンガポールのプラナカン博物館では、伝統的な食文化やビーズ細工や刺繍などの繊細な工芸品を見ることができる。

コラム

日常生活の中に国際交流がある

▲シンガポール大学に集う留学生

　シンガポールは世界有数の国際都市で、国際化という面では日本の何歩も先を行っている。ここではシンガポールがいかに国際化に対応してきたか、とくに英語の普及と外国人移民にどう対応してきたかを紹介したい。

英語の普及と政府の対応

　現在のシンガポールでは、小学校から大学まで英語で授業が行われ、ビジネスにおいてもほぼ英語が使われている。しかし、1945年の段階で英語を自由に使いこなせたのは少数のエリートのみであり、英語が急速に社会に浸透したのは70年代にすぎない。しかし、当時急速に英語が広まったことが「問題」を生み出すことになった。

　まず、シンガポールの政治家が問題視したのが、英語教育を受けた若者の価値観の西洋化と自国文化の喪失だ。英語に囲まれて青年期を過ごした人気歌手のディック・リー（Dick Lee）は、イギリスに留学するまで自分がアジア人であるという自覚はなかったという。

　1970年代のシンガポールでは、ヒッピーやロックといった欧米発の対抗文化（counterculture）が紹介され、とくに英語のわかる若者がその影響を受けた。その影響拡大を懸念してか、政府はヒッピーやロックの象徴だった長髪の男性の入国を拒否した。その事情を知らずにシンガポールを訪れた長髪の男性がチャンギ空港で泣く泣く髪を切って入国したケースがあったという（現在は断髪不要）。

　政府が価値観の西洋化を問題視したのは、対抗文化に見られるような権威を嫌う価値観が国民の間に広まれば、強権的統治スタイルをとる与党・人民行動党（People's Action Party）が選挙で勝てなくなる恐れがあったからだ。その対策として、政府は集団と和を重んじる「アジア的価値観（Asian Values）」を強調するようになり、学校教育を通じて従順な国民を育成しよ

うと努めた。

　英語教育を急速に拡大した結果生じた問題としてもう1つ挙げられるのは、シングリッシュ（Singlish）の問題だ。シングリッシュとは、英語とシンガポールの各言語（福建語など）が混じったシンガポール独特の英語をさす。

　シングリッシュは長い間間違った英語と認識され、テレビやラジオでは使われてこなかった。ところが、1997年にテレビ放映が始まったシングリッシュ・コメディー『プア・チューカン株式会社』（Phua Chu Kang Pte Ltd）が大ヒットし、シングリッシュを肯定的に見る雰囲気が社会に広まった。これに対して、シングリッシュしか話せない国民が増えると外国人とコミュニケーションをとる際に問題が生じると考えた政府が、2000年から「正しい英語を話そう運動」（The Speak Good English Movement）を展開している。この運動によりシングリッシュは間違った英語とされ、シングリッシュを肯定的なものとして広めたドラマの主役、プア・チューカンが、ドラマで正しい英語を勉強させられるという1シーンが挿入される羽目となった。

外国人の増加と国民の反応

　シンガポールにいて、国際化を最も実感できるのは移民や外国人の多さだ。現在ではシンガポールに住む3人に1人は外国人で、外国人と一緒に働くのは日常茶飯事だ。とくに外食産業や建築業で働く労働者はほとんど外国人で、大学や多国籍企業にも外国人は多い。このように人の国際化は非常に進んでおり、日常生活の中に国際交流がある。

　ところが、そんなシンガポールでも外国人に対する不満はあり、それが2011年総選挙における与党・人民行動党の「惨敗」をもたらしたといわれている。シンガポールでは、エリートと肉体労働者の双方を外国人に頼っているが、外国人エリートはフォーリン・タレント（foreign talent）と呼ばれ、従来から嫉妬と羨望の対象となっていた。加えて、肉体労働に従事する外国人に対しても、低賃金でかつ長時間働くのでシンガポール人の労働条件が悪くなる、あるいは仕事を奪われると批判されるようになった。そうした批判が11年になって噴出したのは、その頃にシンガポール経済が高度成長期から低成長期に移行し始めたからともいえる。

（WA）

▲正しい英語を勉強させられたプア・チューカン

7 国内治安法とマスコミ

▲国内治安法による拘留を伝える新聞報道『Sunday Times』1987年6月21日

　シンガポールは経済的には世界に開かれた先進国だが、政治体制は強権的だ。その体制維持に大きく貢献しているのが、シンガポールの治安維持法といわれる国内治安法（Internal Security Act）と「政府の代弁者」を自負するマスコミだ。

国内治安法と冷蔵倉庫作戦

　国内治安法とは、暴力革命など組織的暴力による政府転覆を未然に防ぐことを主な目的とした法律で、被疑者を令状なしで逮捕し、裁判なしで予防拘留できる権限を政府に与えている。拘留は最大２年までだが、拘留期間を更新することができ、理論的には無期限拘留も可能だ。

　同法の前身は、イギリス植民地政府がマラヤの共産ゲリラを掃討するために1948年に制定した非常事態

規制法（Emergency Regulations Ordinance）だ。その後、約10年にわたる掃討作戦によりマラヤの共産主義勢力はほぼ一掃され、60年には「非常事態」（Emergency）の終結が宣言されたが、それと同時にマラヤ議会は時限立法の同法に代えて国内治安法を制定した。この法律は63年にシンガポールがマレーシア連邦結成に参加した際にシンガポール領内にも適用されるようになり、その後、多少の修正を経て現在に至っている。

　同法は反政府勢力を弾圧するためにも利用されてきた。正確には国内治安法の前身にあたる公共治安維持法（Preservation of Public Security Ordinance）の適用例ではあるが、その最も有名な事例は63年の「冷蔵倉庫作戦（Operation Coldstore）」だ。同作戦では、マレーシア連邦結成

を前に共産主義者が暴力事件を起こす危険があるとして、連邦結成に強く反対していた野党の社会主義共同戦線（Barisan Sosialis）指導者や労働組合の指導者などを次々と逮捕した。逮捕者総数は100人以上にのぼった。また、ベトナム戦争中の66年には、北ベトナムを支援し反米デモを試みたという理由で同党の党員や支持者22人を逮捕している。その1人チア・タイポー（Chia Thye Poh）は共産主義者と認めなかったために、23年間にわたって裁判なしで拘留された。

スペクトル作戦

1987年には、政府は「スペクトル作戦」（Operation Spectrum）」を発動し、22人のカトリック教会関係者や市民運動家などを国内治安法によって逮捕した。彼らは企業の搾取に対して立場の弱い外国人労働者の人権擁護を訴え、熱心に救済活動をするとともに、政府は彼らを経済成長に必要な道具としか見ていないと批判した。一連の逮捕は、そうした政府批判が反政府運動につながることを恐れて、未然に防ごうとしたものと考えられている。また、同時代の反政府民主化運動（80年の韓国光州事件や86年のフィリピン革命）でカトリック教会が大きな役割を果たしたことも、当時のシンガポール政府がカトリック教会による活動に過敏に反応した理由の一つであったようだ。

2001年9月11日のアメリカ同時多発テロ以降は、国内治安法はテロ封じ込めのために使われることが多くなった。01年から02年にかけて、政府はアルカイダとつながりがあるといわれる過激派組織、ジャマー・イスラミヤー（Jamaah Islamiyah）のメンバー36人を同法によって逮捕した。逮捕の理由は、彼らがシンガポール国内の複数の大使館、海軍基地、アメリカ企業の有する商業施設などに爆弾を仕掛ける計画を立てたというものだ。また、同組織のメンバーのうち数人は、チャンギ空港に航空機を墜落させるテロを計画した容疑で、逃亡先のマレーシアやインドネシアで逮捕された。その後、シンガポールに送還され、同法に基づいて予防拘留されている。13年のシンガポール議会の報告によると、02年以降合計64人の被疑者がテロを計画した容疑で予防拘留されているという。

政府の代弁者としてのマスコミ

「シンガポールのマスコミが政府の代弁者であることは決して秘密ではない」

これは、あるシンガポール人ジャーナリストの公の場での発言だ。この発言に見られるように、マスコミが政府批判を放棄し政府の代弁者となり下がっている現状に対して、マスコミ関係者の間ではもはや強い後ろめたさは感じられない。それは、「シンガポールの安全と繁栄は強い政府のおかげで実現したのであり、マスコミも政府の協力者たるべきだ」という政府の立場がマスコミ関係者にも浸透しているからかもしれない。

しかし、1970年代前半までは中国語紙を中心に厳しい政府批判がなされていた。政府によるマスコミ統制システムは、こうした政府批判を封じ込める過程で徐々に築かれたのだ。

70年代に急速に英語教育が普及する以前のシンガポールは、中国語教育を受けた層が多数を占めており、彼らはリー・クアンユー首相ら英語教育を受けたエリートが進める英語中心の国家建設に強い不満を持っていた。そうした中で中国語紙は政府批判を展開した。中でも『南洋商報』は批判の急先

鋒で、71年には中国語教育の衰退を懸念する特集を組み、中国語を行政、裁判、公文書の言語とするよう主張して、リー首相を批判した。

それに対して政府は、『南洋商報』創設者タン・カーキー（Tan Kah Kee）の娘婿リー・モウセン（Lee Mau Seng）同社総支配人ら4人を国内治安法によって逮捕した。逮捕の理由は、「共産主義制度を理想化し、中国語と中国文化に対する中国人コミュニティーの感情を煽った」とのことだ。こうした暴挙に対して、『南洋商報』は「我々の抗議」というタイトルの空白の社説を掲載し、モウセンの兄で『南洋商報』の最高経営責任者リー・ユーセン（Lee Eu Seng）は4人の釈放を政府に求めた。政府は、同紙が編集方針を政府寄りに変えるのであれば釈放に応じると持ちかけたが、南洋商報は「マスコミの表現の自由が奪われる」との理由でこれをことわった。

これを契機に政府は本格的にマスコミ統制に乗り出した。1973年には兄のユーセンも国内治安法で逮捕・拘留し、彼が保持していた出版許可証を剥奪した。代わりに政府寄りの同社の編集者に出版許可証を再発行した。74年には新聞出版法（Newspaper and Printing Presses Act）を改定して新聞社の経営株取得には政府の許可が必要とした。77年には再び同法を改定し、新聞社の個人株主比率を3％以下に制限した。これにより、リー・ユーセンのような反体制の個人が新聞社の経営をコントロールすることは不可能になった。

同時に政府は『ストレイツ・タイムズ』、『南洋商報』、『星洲日報』の3大紙の経営株を購入し、各社の編集者人事に介入し始めた。この頃からマスコミが政府に不都合な報道や政府批判を自主規制するようになったという。政府は1978年に『南洋商報』のトップに政府の息のかかった銀行頭取のリエン・インチョウ（Lien Ying Chow）を、また理事会にも元官僚を送り込んだ。82年には後に大統領となる元官僚のナザン（S. R. Nathan）を『ストレイツ・タイムズ』の最高責任者に就任させた。83年には南洋商報と星洲日報を合併させ、『聯合早報』を創刊した。84年にはさらに『聯合早報』と『ストレイツ・タイムズ』などを合併させ、シンガポール・プレス・ホールディングス（Singapore Press Holdings＝SPH）という大政翼賛会のような新聞社を作り、そのトップにナザンを据えた。ここにシンガポールのマスコミ統制システムは完成し、ほぼ現在のかたちとなった。

マスコミ統制の手法

政府のマスコミ統制で重要な役割を果たしているのは、新聞出版法だ。同法によると、新聞社や出版社は政府の許可がなければ営業できず、その許可も毎年更新しなければならない。加えて政府は許可をいつでも取り消すことができる。そうした中で新聞社を経営するには政府に協力せざるをえない。逆に、政府に協力する限りにおいては、免許はほぼ確実に更新され、他方で、免許制度によって新規参入を阻み、独占利益による会社の経済的繁栄が保証される。また、国の繁栄のためには強い政府が必要という政府の主張も一理あり、会社の利益確保を正当化する便利な口実となっている。

さらに政府は言論機関の統合と人事によってマスコミを統制している。上述のようにシンガポールのほとんどすべての新聞社はSPHの傘下にあり、政府はSPHの重要な役職に政府の息のかかった人物を送り込んでいる。SPHの歴代のトップはナザンや

トニー・タン（Tony Tan）現大統領など政府内で重要な役割を果たしてきた人物ばかりだ。トップだけではない。ニュース編集室にも政府関係者が配属されている。『ストレイツ・タイムズ』で働いたことのあるアメリカ人記者によると、彼の直属の上司は政府調査部出身で、他の編集者も官僚や治安当局出身だった。誰もが政府調査部に監視されているようだったと述べている。

　文字媒体だけでなく、テレビやラジオも政府によって統制されている。テレビは1963年に国営のテレビジョン・シンガプーラ（Television Singapura）が設立され放送が始まった。後に民営化され、2001年にはメディア・コープ（MediaCorp）の傘下に全国ほぼすべてのテレビ・ラジオ局が属する現在のかたちとなった。マスコミの統合が大きな抵抗もなく進んだ背景には、シンガポールの市場規模が小さく、多くの新聞社やテレビ局が共存するのが経済的に難しいという事情があった。

　ゴー・チョクトン（Goh Chok Tong）前首相は、報道の際に編集者が気をつけるべきこととして、シンガポールの独自性、多民族・多宗教社会、国の脆弱性、国の政策目標への配慮の4つを挙げている。政府が事前検閲をするわけではないので、時々政府の立場と異なる記事が新聞に掲載されることもあるようだ。そういう場合は、政府要人が政府の言い分を書いて新聞の投書欄に投書したり、スピーチで政府の立場を強調し、それを報道させたり、編集者に電話をして直接注文をつけたりするという。ニュース編集室では政府関係者が目を光らせ、かつ、編集者の人事権は政府から送り込まれた上司が握っている。そうした中で政府の意向に従わなければ、左遷の憂き目に遭うのは目に見えている。

　このようにして政府はマスコミを統制し、他方でマスコミは自ら政府の代弁者の役割を引き受けるに至ったのだ。

民主主義の前提

　シンガポールには選挙があり、共産主義国のような国営のマスコミは存在しないにも関わらず、欧米などからしばしば「独裁国家」と批判されている。なぜだろうか？

　その理由は、これまで述べてきたように、国内治安法の存在とともに政府の代弁者を自任するマスコミにある。マスコミが政府に都合の悪い情報を流さないことで、国民からの批判を未然に防ぎ、政府は大きな抵抗もなく思い通りに物事を進められるのだ。民主主義の前提は、国民が真実に基づいて公開の場で自由に討論できる環境があることだが、シンガポールにはそれが欠けている。

　日本にも政府寄りの情報を好んで流す報道機関があるが、そういう報道機関ばかりになってしまったら、政府にとって都合の悪い事実は覆い隠されてしまい、政府による専制を助ける結果となる。この点は忘れてはならない。

（WA）

1章 シンガポールを知りたい

▲メディア・コープ本社。ほぼ全てのテレビ・ラジオ局がここの傘下に入る

コラム

リー・クアンユー語録

▲街中のリー・クアンユー

強権的政治スタイル

「もしトラブルメーカーがいれば、その人を政治的に粉砕するのが我々の仕事だ。私の鞄の中には非常に切れ味の鋭い斧があることをみな知っている。あなたが私と対決するのなら、私は斧を取り出し、2人は人影のない裏通りで出会うことになるだろう」*1

このギャングのような発言の主はリー氏だ。彼が鞄の中に隠し持つ「切れ味の鋭い斧」とは、おそらく国内治安法のことをさす。同法は被疑者を令状なしで逮捕し裁判なしで拘留する権限を政府に与えており、共産主義者など「トラブルメーカー」に対してたびたび発動された。その理由について彼はつぎのように語っている。

「共産主義者であろうと、自言語中心主義者であろうと、宗教過激派であろうと、我々は裁判なしで人々を拘留しなければならない。もしそうしなければ国が荒廃してしまったであろう」*2

国内治安法を発動しなければ本当にシンガポールが荒廃してしまったかは疑問だが、リー氏が強権的になれたのは、政府が国内治安法という「切れ味の鋭い斧」を有していたからといえる。

中国語派敵視とマスコミ統制

リー氏は幼いころから英語で教育を受け、中国語教育を受けたシンガポール人(中国語派)に対して批判的だった。彼はその理由をこう述べている。

「危険なのは、もし中国語教育しか受けていなければ、1言語しか解せず、その人が読むものは共産主義者の書いたものになってしまう。それは大きな問題だ。しかし、もし2言語を話せれば、双眼鏡でものを見ることができ、世界を3次元で見ることができる」*3

この発言は、1977年になされたものだが、冷戦という時代背景の下、リー

氏はシンガポールを「第3の中国」あるいは「共産主義の拠点」と見られないよう細心の注意を払ってきた。リー政権が中国語派を敵視したのは、彼らを共産主義者かその協力者と目していたからでもあった。

中国語派とともにリー氏にやり玉にあげられたのはマスコミだ。彼はマスコミ報道に干渉する理由をつぎのように述べている。

「相反する議論がある中で選挙に勝つためには、我々は政治的課題を担わなければならない。これは、我々を批判する者との議論で負けないことによってのみ可能だ。彼らは私が彼らの議論を叩きすぎると不平を漏らしているが、間違った考えに対しては、それが世論に影響を与え、問題となる前に対抗しなければならない」*4

この最後の部分が重要だ。リー氏は、選挙に勝つためには与党を批判する「間違った考え」が世論に影響を与えてはならないと考えていた。そうならないためにリー氏は70年代にマスコミ統制を着々と進めたが、その動機は結局のところ政権維持のためだったようだ。

政府＝君子、国民＝犬？

リー氏は「政府を君子、国民を小人」になぞらえて、「アジア的価値」という名の下にこうした思想をしきりに広めようとした。そうした感覚は時に露見し、つぎのように国民を犬扱いにしてしまうことがあった。

「もし国民を選ぶことができ、彼らが教育され、きちんと育てられたのであれば、彼らはすでにしつけられているので、そんなに多く鞭を使う必要はない。それは犬に対してと同じようなものだ。正しいやり方で些細なことからしつけるのだ。犬は外に出て小便や排便をしなければならないことを学ぶ。

いや、我々はそんな社会ではないが、今でも故意にエレベーターの中で小便する大人の犬はしつけなければならない」*5

「いや、我々はそんな社会ではない」と述べて国民感情に配慮したかと思わせつつ、そのすぐ後で国民を「大人の犬」に例えてしまうところが、本音を隠さず何でも話してしまうリー氏らしい。彼の感覚ではあくまでも政府が主人であり、国民はしつけが必要な犬にすぎなかったのだろう。

最後に、リー氏の唯我独尊と執念深さを端的に示しているが、その場面を想像すると少々恐ろしい発言をもってこのコラムの締めとしたい。

「たとえ病床からでも、私を墓場まで落としめても、何か間違っていると感じれば、私は起き上がるだろう」*6

（WA）

---

*1 http://www.theguardian.com/world/2015/mar/23/lee-kuan-yew-the-best-quotes-from-singapores-founding-father

*2 同上

*3 http://www.straitstimes.com/news/singapore/more-singapore-stories/story/parliamentary-panache-10-quotes-mr-lee-kuan-yews-awesome#sthash.I7k29Zdt.dpuf

*4 Lee Kuan Yew, From Third World to First: The Singapore Story: 1965-2000

*5 http://www.goodreads.com/author/quotes/187723.Lee_Kuan_Yew

*6 http://www.theguardian.com/world/2015/mar/23/lee-kuan-yew-the-best-quotes-from-singapores-founding-father

▲ NUSより名誉博士号を授与されるリー氏
"Straits Times" 2013年6月5日

1章 シンガポールを知りたい

8 厳しい選択課程の教育制度

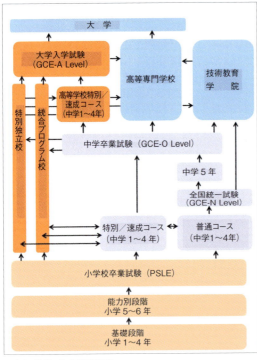

▲シンガポールの教育制度
http://www.nyp.edu.sg/ois/about-sg-nyp/education-in-singapore

シンガポールの教育制度

シンガポールでは、すべての生徒が英語と自民族の言語の2言語で学習し、生徒の能力に応じて教育進度や内容が異なる「多層的2言語教育」を行っている。1クラスは30～40人で、小学校6年、中学4年、高校2年の6-4-2制を基本としている。すべて公立校だが、特別補助計画校（special assistance plan school）、独立校（independent school）、自治校（autonomous school）は、カリキュラムと学費が異なる。

能力別制度が導入されたのは1980年だ。その背景には、それまでの画一的カリキュラムで2言語教育を行うと、ついていけない子どもが多く出てしまうことがあった。現在では、生徒を能力別に3つのグループに分け、それぞれ異なった進度で授業を行っている。この教育制度は非常に複雑なので、具体例をあげてシミュレーションをしつつ説明したい。

シミュレーション：小学校

いまここに中国人とインド人の夫妻から産まれたハーフの兄弟（姉と弟）がいたとする。シンガポールの小・中学校は1月から5月が1学期、7月から11月が2学期の2学期制をとっており、姉も弟も7歳になる年の1月には小学校に通わなければならない。小学校に入学して、まず決めなければならないのは、英語以外の第2言語だ。姉はマレー語、弟は中国語を選択した。姉は勉強熱心で成績も良かったが、弟の成績は芳しくなかった。小学5年生になると、成績のよい順から生徒はEM1（全生徒の約15％）、EM2（同約70％）、EM3（同約15％）の3つのコース（stream）に振り分けられるが、成績の良かった姉はEM1に、弟はEM3に振り分けられた。

小学6年になると、全国共通の卒業試験（Primary School Leaving Examination）を受けなければならない。試験の成績に基づいて希望の中学へ進める。姉は全国でもトップクラスの成績で希望の中学へ進むことができた。弟はなんとか卒業試験には合格したが、成績は下位のほうで、平均的な中学に進学した。

シミュレーション：中学

4年制の中学（Secondary School）に入っても能力別の授業は続く。中学では成績順に特別（Special）、速成（Express）、普通（Normal）の3つのコースに分かれ、普通コースはさらに学術（Academic）コースと技術（Technical）コースに分かれる。それぞれの生徒の比率は特別コースが約10％、速成コースが約50％、普通コースが約40％だ。特別コースと速成コースの生徒は中学4年の際に受ける全国共通の卒業試験（GCE-O Level）の成績に基づいて、2年制の高校（Junior College）か3年制の高等専門学校（Polytechnic）に進学できる。

一方、普通コースの生徒は中学4年で別の全国統一試験（GCE-N Level）を受け、成績の良い者は中学5年に進級できるが、そうでない者は技術教育学院（Institute of Technical Education）に進学し、そこで2年の職業訓練を受けて社会へ出ることとなる。中学5年に進級できた者は、その年に卒業試験を受け、その成績によって高校か高等専門学校に振り分けられる。

中学では、優秀な姉は晴れて特別コースに入ったが、弟は普通コースに振り分けられ技術コースを選択した。姉は中学でも勉強に集中し、中学4年時の卒業試験でも好成績を修め、希望の高校へ進学した。一方、弟も奮起して勉強に励み、中学4年時の統一試験で好成績を修め、中学5年に進級、卒業試験でもまずまずの成績を修め、高等専門学校に進学した。

シミュレーション：中学卒業後

高校に進学した姉は2年次に全国共通の大学入学試験（GCE-A Level）を受け、好成績で晴れて大学に進学。大学でも成績は良く、成績上位者のみが進級できる大学4年（Honour's）に進み、卒業した。一方、高等専門学校に進んだ弟も無事に3年で卒業し、シンガポール男子の義務である2年間の兵役（National Service）へと旅立っていった。兵役が終われば就職活動だ。このケースでは、姉弟ともに23歳で就職1年目を迎える。

このように、シンガポールの教育制度は複雑かつ多層的ですべての生徒に2言語教育を実施している点に特徴がある。　　　　　　　　　　　（WA）

▲小学校の授業風景
http://www.todayonline.com/singapore/changes-be-made-primary-secondary-school-admission-processes

コラム

女性の社会進出を支えているのは？

▲公園で遊ぶ子どもを見守るメイドたち

　シンガポールでは、女性の高学歴化が進み、政府・公的機関・企業の管理職は40％を超えたといわれている。その背景の一つに、女性は男性よりも2年早く社会に出て就業できる条件がある。男性には18歳から2年間兵役があり、それを終えてから大学に進学する。受験資格があっても進学しない場合もあるという。実力主義のシンガポールでは、高学歴の女性は歓迎され就業の場に恵まれる。多くの女性は仕事を中断せずに活躍し続け、責任のある仕事を任せられるようになる。

　では、子育て・家事などはどうしているのか？　親が保育園に送迎する光景はほとんどみられない。仕事と家事の両立は、メイドの存在で、可能になっている。メイドは、英語が堪能なフィリピン出身者が多い。高校生と中学生の母親である国立大学の教授は、「私も、両親が働いていて、住み込みのメイドに育ててもらった」「メイドのいない生活は考えられない」と話している。

　メイドの給料は安く、住み込みで1か月、3万円～5万円、そのほかに外国人雇用税（月額3万円程度）を支払っても、安い出費で済む。日曜日の公園やオーチャード周辺では、メイドたちが集い楽しむ様子が見える。メイドの待遇でトラブルがおきるため、2012年に週1日の休暇と、それができない場合の日給支給が義務づけられた。

　2011年には、女性の労働力化率は、60％に増加した。未婚率も増え、少子化は日本以上に進んだ。出生率は1.15に下がった。

　一方、高齢化も急速に進んでいる。政府は、家族による介護を義務付け、高齢者との同居や近隣に住めるよう住宅の便宜をはかるなどしている。家族は、介護用メイドを雇用することになる。

　育児・家事・介護を担い低賃金で働く外国人メイドたちが、女性の社会進出を可能にしている。このようなシステムは、将来も可能なのだろうか。（MI）

2章

シンガポール史の中の日本

1 シンガポール略史
——早くからあった日本とのつながり

▲アラブストリートのサルタンモスク

▲シンガポール河岸のラッフルズ像

1. 前近代のシンガポール

多くの人々が行き交い、経済的に活気ある国家運営を続けるシンガポールはどのように形成されてきたのか。「テマセク」（seaportの意）と呼ばれていたこの地には"オラン・ラウッ／orang laut"と呼ばれる原住民がいて、その後マレー系、中国系の人々が住みついた。

8世紀末にはスマトラ島から拡大したシュリーヴィジャヤ王国が、そして13世紀には、ジャワ島から勢力を伸ばしたマジャパイト王国がこの地を治めた。シンガポールという名前は、スマトラ島から狩りに来たサン・ニラ・ウタマ王子が、ライオンを見たことを吉兆として、「獅子の都市」（Singapura／シンガプラ）と命名し、この地に住んだからという。

15世紀初頭には、成立したばかりのマラッカ王国に、中国から鄭和が南海遠征で寄港したり、イスラーム化が進むなどして、この地域の人々の動きは活発化した。

1511年、ポルトガルがマラッカ王国を滅亡させた。国王マームドは南に逃れてジョホール王国を建国、オランダと交易した。その後スマトラ島のミナンカバウ人がジョホールで独立運動を始めたため、地域内は流動化する。

1712年にはジョホール王位継承戦争が起き、これにマカッサル王国（スラウェシ島）から高い戦闘能力や操船技術をもつブギス族が介入した結果、ラジャ・クチルが18年にジョホール・リアウ王国を建国した。

2. イギリスの進出

その後、この地域に進出してきたイギリスはオランダ勢力の拡大を抑えるため1786年にペナンに進出、95年にマラッカを占領したが、土地の奪い合いが続くことを懸念して、周辺地に貿易のための新たな拠点港を求めた。

1819年、スタンフォード・ラッフルズがシンガポールに上陸した。ラッフルズは05年からペナンの東インド会社で働き始め、その後ジャワ島、スマトラ島に赴いた。彼はジョホール・リアウ王国の王位継承争いを利用して条約を締結して商館を建設し、シンガポールを貿易港とした。ヨーロッパ、インドや中国、香料諸島をつなぐ地理的位置があり、給水ができる良港なのが要因だった。

1824年には英蘭協定が結ばれ、イギリスはオランダのスマトラ島領有を認める代わりに、1826年からペナン、マラッカ、シンガポールを「海峡植民地」として領有することとした。シンガポールはその首都になり、中継港として、また関税のかからない自由貿易港として発展した。イギリス軍の存在があって海賊の襲撃もなく一大貿易拠点となり、東インド会社解散後は、植民地管轄地となった。

この頃からプラナカン（マレー人と他民族との子）が語学力を生かして貿易の諸場面で活躍するようになる。

18世紀後半、「世界の工場」となったイギリスでは、産業革命でゴムの需要が高まった。原産国ブラジルはゴム種子の持ち出しを禁止するが、イギリスはインドでの栽培を企み種子持ち出しに成功（1875年）し、それをアジア各地の植民地に送り栽培させた。シンガポールには77年に送られ栽培に成功した。現在シンガポール国立植物園内には、栽培に成功した第1号のゴムの木のオブジェがある（85頁）。

マレー半島ではゴム栽培のために多くの中国人が集まり、食料供給地としてタイの米作が盛んになった。

こうしてシンガポールには、インドから綿布やアヘン、中国から茶・絹、周辺植民地からの諸産物が輸入された。

一方、欧州ではマレー半島でとれる錫が缶詰に使用され、自動車産業の急成長でゴムの輸出が急増した。また中国やインド、マレー半島から人口過剰や戦乱などで労働者・商人などがやって来た。こうして多民族社会としてのシンガポールが形成され、東南アジアの貿易拠点として大きく発展していった。19世紀半ばは中国からの苦力（クーリー）貿易（人身売買）の拠点でもあった。

1862年に江戸幕府の遣欧使節がシンガポールに寄港した。通訳兼翻訳官として乗船していた福澤諭吉は、音吉という日本人に会ったと記している。日本人では初めてシンガポールに居住

第2章 シンガポール史の中の日本

▲プラナカン博物館

▲シンガポール河口にある苦力のオブジェ

した人物といわれている（109頁）。
　1896年からマレー半島では、イギリスがマレー連合州を組織したが、海峡植民地は存続し、1909年からその知事が連合州も含めてイギリス領マラヤ全体の責任者となる体制となった。

3. 日本との関わりがはじまる

　明治時代になると多くの日本人がやって来た。ある者は「からゆき」さんや農漁業従事者として、またある者はそうした日本人相手の商人として。日本人街はマラバー街、ハイラム街周辺にあり、今のMRTブギス駅の上にあたる。日本人コミュニティの拡大に伴い1889年に日本領事館が開設され、91年には日本人墓地が造られた。土地は、雑貨を商い娼館を経営した二木多賀治郎がゴム園を開拓した場所を寄贈した（108頁）。
　1908年には『南洋新報』『新嘉坡日報』といった日本語の日刊紙が発行され、10年にはシンガポール日本人会が結成された。12年にはミドル・ロードに日本人学校が開校された。
　第1次世界大戦（1914〜18年）で日本企業が東南アジア市場に参入したため、日本のプレゼンスは増大し、景気は活況を呈した。しかし大戦後には戦後不況や、29年の世界大恐慌、翌年の昭和恐慌など、経済状況の悪化もあって対中国強硬路線が実行された。
　こうした日本の動向に、東南アジアの中国人社会では日貨（日本製品）ボイコットがはじまる。19年6月にはシンガポールでも日本人街中心に25軒の建物が焼かれ、暴行や投石がされたという。
　シンガポールは第1次世界大戦から軍港としての大きな役割を担った。
　1915年にはイギリス軍のインド兵約800人が反乱を起こし、白人宅などを襲撃した。イギリス軍はヨーロッパ戦線に出ていたため、依頼を受けた日本人義勇隊と海軍は鎮圧に協力した。この事件は日本が植民地支配側に立っていることを示した。この頃からビジネスの要所として日本人会の会員が増加していった。
　1931年満州事変、37年には日中全面戦争が始まり泥沼化すると、東南アジア各地ではさらに日本製品ボイコットが広がった。

4.「The Dark Years」

　1938年、東南アジア各地の華僑団体によって南洋華僑籌賑（ちゅうしん）祖国難民総会（南僑総会）が設立された。本部はシンガポールに置かれ、主席に陳嘉庚（タン・カーキー）が就任した。そして日本の侵略が進む中国土への大規模な物資援助のために、い

▲現存する旧日本小学校の建物（Waterloo St）

▲シンガポール陥落を報じる『画報躍進之日本』

わゆる「援蒋ルート」という道が切り開かれた。主なルートにはビルマ・ルート、仏印ルートなどがあり、英米も中国・重慶の国民政府（蒋介石政権）へ援助活動を行うためにこのルートを利用した。

また、こうした日本の中国侵略に、アメリカなどが経済制裁を段階的に行ったため日本は対米戦争と、東南アジアの列強植民地の侵略を同時に行った。それが1941年12月から始まったアジア太平洋戦争である。

シンガポールはイギリスの経済的・軍事的拠点であり、日本軍にとって重要な目標地となった。

1941年12月8日、シンガポールを攻略するため、日本軍は真珠湾攻撃より早い時刻にマレー半島東海岸コタ・バルやタイ領に上陸する。同日、香港、マニラ、そしてシンガポールを日本軍は空爆した。10日にはイギリスの2隻の軍艦を沈没させ、予測より速いペースでマレー半島を南下していった。マレー半島を防衛していたイギリス軍の主力はインド兵で、自らの意思の防衛でもないため志気は低かった。日本軍は、現地住民から移動手段として自転車を奪い（「銀輪部隊」と呼ばれた）、オーストラリア軍との激闘を経て、2か月弱でシンガポールの対岸、ジョホール・バルに進軍した。

42年2月8日から本格的なシンガポール上陸作戦が始まった。激しい地上戦の末、2月15日、イギリス軍は降伏してシンガポールは陥落した。

日本統治支配の時代は"The Dark Years"などと呼ばれている。日本軍は占領後すぐに華人対策に乗り出し、抗日運動をした人たちを始めとして多くの華僑を「粛清」（虐殺）した「大検証」を実施するなど、厳しい軍政を展開した。

5. 変わるマレーシアとの関係と独立

戦後、日本軍政から解放されたシンガポールだが、すぐに食糧難に直面した。植民地政府は「人民食堂」を作り、安価な食事を提供してしのいだ。

46年3月、イギリスはマレー半島の9州とペナン、マラッカを合わせたマラヤ連合を立ち上げ、シンガポールは再びイギリスの直轄植民地にされた。このためイギリスへの反発や、経済混乱で社会主義思想（コミュニズム）への支持が高まった。47年は"The

▲かつて国立博物館に展示されていたジオラマ

▲「陳嘉庚と李光前展」（国立図書館／2008年）パンフレット

Year of Strikes"と呼ばれ、学生や労働者のデモが暴動に発展、48年にはマラヤ共産党が武力蜂起した。イギリス政府は「エマージェンシー」（非常事態）を宣言、60年まで厳しい取り締まりと闘争の時代となった。一方で植民地支配の存続は困難と考え、48年に立法評議会、55年には立法議会を作った。57年にマラヤ連邦が独立すると、シンガポールはイギリス連邦内の外交・国防を除く単独の内政自治州となった。59年の総選挙では人民行動党（PAP）が勝利し、リー・クアンユーが首相に就任するが、共産系グループが離脱して対立したため、マラヤ連邦側はシンガポールの社会主義化を警戒した。国語や国歌はそれに配慮していずれもマレー語に決められた。リー首相はスケールメリットから、マラヤ連邦との一体化を推進、連邦側は中国系人口の割合増を考慮し、ボルネオ島のサバ、サラワクを合わせて63年9月にシンガポールを合わせてマレーシア連邦（以下マレーシア）を発足させて、マレー人の割合を増やした。

しかし、マレーシア内では「ブミプトラ」（マレー人重視政策）の中央政府と、シンガポール州政府の考え方の違いが表面化した。中央政権は統一マレー人国民組織（UMNO）、マレーシア華人公会（MCA）、マレーシア・インド人会議（MIC）の3党連合だったが、PAPはMCAの代わりをねらい、当分マレー半島に選挙候補者を出さない約束を破り、対立が激化した。さらに、64年7月と9月にはマレー系と中国系の民族対立で流血騒動が起きたため、ラーマン首相はシンガポール分離を決意した。翌65年8月にシンガポールは独立せざるを得なくなった。

この独立でシンガポールはマレーシア、インドネシアというマレー系国家に囲まれることになり、社会主義化への警戒を解くのと、中国色を薄めるために英語中心国家への道を進み、存続の危機を乗り切ろうとした。

1956年、日本人の経済活動が再開され日本人会が再発足した。しかし、住宅建設現場で61年12月に「大検証」の虐殺犠牲者と思われる人骨が島内各地で発見されると、63年に「血債問題」として抗議と補償を要求する大会が開催された。日本政府の反応は鈍かったが、シンガポール日本人会の強い働きかけもあって、66年に経済援助供与がなされた。イギリスは賠償請求権を放棄していたので、準賠償という形で5000万シンガポール・ドルが供与された。67年2月15日には「日本佔領時期死難人民紀念碑」（血債の塔）が建立された。

6. 国際社会の荒波の中で

1960年代、経済面ではシンガポールは工業化を強力に推進した。61年からジュロン工業地帯建設が始まり、63年にはシンガポール政府と石川島播磨との合弁によるジュロン・シップ

▲歴史が繰り広げられた旧市庁舎前広場（パダン）

▲埋め立てで拡張を続けるジュロン工業地帯

ヤードが設立された。リスクを覚悟しながらも、外資を大きく導入したところが特徴である。66年には日本と国交を締結、日本製品の部品を製造して、のちのアジアNICsの役割も担い、67年には東南アジア諸国連合（ASEAN）の発足メンバーになった。国民生活では、中央積立基金（CPF）という強制貯蓄制度や、住宅取得や医療、年金などに渡る総合的な社会保障を整備した。

68年のイギリス軍撤退発表はショッキングだったが、70年代に入り国家主導型経済はさらに進み、経済のハード面に加えてソフト化が進んだ。シンガポール政府観光局（72年）、証券取引所の開設（73年）、そしてアジアで初めて国際金融取引所も開設（84年）された。一方で「新聞・印刷紙法」（77年）により新聞社の個人所有を禁じるなどのマス・コミ対策も行った。

1979年には言語政策"Speak Mandarin Campaign"で国民のアイディンティティを模索し、「経済か人権か」というジレンマも抱えながら、経済立国化をさらに進めた。80年代からはコンベンション誘致、ハイレベルなレジャーランド化を進めている。

冷戦後は、中国との間を「脅威ではなく機会」として関係を深めている。

高層化・混住化を進める公共住宅にはデザイン性と居住性を高める工夫もされているが、それらを支えるのは外国人労働力だ。2013年現在人口約540万人のうち、外国人一時滞在者（現場労働者）が155万人を占めている（1970年は207万人中6万人）。

管理国家的な側面に息苦しさを感じ、海外移住する人々が増えていると同時に、急速に高齢化が進んでいる。婚姻数や出産数の低迷から、90年代にはベビーボーナス制度などが導入された。

日本からの観光客は年間約83万人（2013年）に達し、ビジネスで居住する人も急増しており、日本人学校の生徒数は増加の一途をたどっている。2002年には日本初の経済連携協定（EPA）の締結国となった。

いまや1人あたりのGDPが日本を超えて経済成長を続けているシンガポールは、さらに教育国、投資国といった多様な国家作りを進めている。2015年3月にリー・クアンユーという強烈なリーダーを失ってどう変わるのか、多面的なまなざしを向け続けたい。　　　　　　　　　　（SU）

第2章　シンガポール史の中の日本

▲巨大公営住宅、ピナクル@ダクストン

▲シンガポールのLCC・スクート機内で販売しているリー・クアンユーのDVDの宣伝。

2 シンガポール空襲からマレー沖海戦の「大勝利」へ

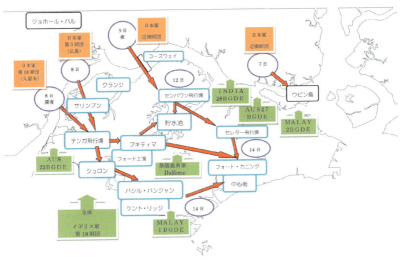

▲日本のシンガポール侵攻。1942年2月7日〜14日

　日本軍の1941年12月8日の対英米開戦の最大の目的は、泥沼の中国戦線を維持するため、石油や鉄鉱石など軍需資源の産地を確保することだった。すでに欧米列強の植民地にされているそれら産地を横取りする戦争を、日本政府は「大東亜戦争」と命名した。後発帝国主義国の日本が、先発帝国主義国に挑んだ植民地争奪戦を、「植民地支配からのアジア解放」という名目にすり替え、他国への侵略を正当化した。

真珠湾の位置を知らない？

　当時の日本軍は真珠湾攻撃をそれほどには重視していなかった。12月8日朝の開戦を伝える臨時ニュースの大本営発表文では、「帝国陸海軍は本8日未明西太平洋において米英軍と戦闘状態に入れり」とある。真珠湾は西経158度に位置し、西太平洋ではない。

　西太平洋にあるフィリピンはアメリカの植民地で、日本本土と東南アジアを結ぶ中間点にある。ここのアメリカ軍を排除し、西太平洋の制海権を握ることこそ日本軍の目的だった。

　12月8日の作戦では真珠湾の奇襲作戦が優先されたものの、数時間後に実行された台湾からのフィリピン空襲で日本軍が制空権を奪い、同地のアメリカ軍の敗退を決定的なものにした。

資源産地制圧という戦争目的のために

　さらに、東南アジアの資源産地制圧という戦争目的のために不可欠だったのが、シンガポールの占領だった。イギリスの世界支配の生命線であるインド防衛の出先拠点であると同時に、オーストラリア、ニュージーランドとのシーレーンを守るため、イギリスはシンガポールにセレター軍港を築いて

いた。

　日本軍は真珠湾攻撃開始の8日午前3時25分（日本時間）から約2時間後の午前5時38分に、セレター飛行場を、サイゴンから発進した美幌航空隊が空襲している。日本軍による空襲は市街地にも及び市民の被害も出た。

　軍港にはプリンス・オブ・ウェールズとレパルスの両戦艦が数日前に到着していた。当時の世界で、艦載の主砲の射程でこの両艦に対抗できる戦艦は存在していなかった。両艦は「不沈艦」と恐れられていた。

誤解の中の勝利

　その両戦艦は、マレー半島東岸へ上陸した日本軍の船団への攻撃を目的に、12月8日のうちに出港した。その情報を得た日本軍はインドシナ半島南部の基地から索敵機を発進させた。捜索は難航した。そして断念寸前に、両艦が手遅れと判断して帰投するところを、日本側が発見した。待機していた長距離爆撃機が飛び立ち、12月10日、マレー半島東岸クアンタン沖の南シナ海で、両艦に襲いかかった。攻撃は午後1時過ぎに始まり、魚雷を水平飛行で投射する雷撃と爆弾投下により、2時29分にレパルスが沈没、次いでプリンス・オブ・ウェールズが2時50分に沈没した。イギリス東洋艦隊は壊滅した。「マレー沖海戦」または「クアンタン沖海戦」と呼ぶ大勝利に日本国内は沸き立った。

　しかし、日本海軍はこの大勝利の意味を的確には認識できなかった。アメリカとイギリスは、海戦が大艦巨砲の対決ではなく航空母艦を中心とする機動艦隊が制海権を握ると学んでいた。それが正しいことを、日本軍は6カ月後のミッドウェイ海戦で思い知らされる。以後、日本軍は負け続けとなる。

時代遅れの「軍神」

　日本軍の中にも、航空戦力が海戦の主力になるとの認識はあった。しかしその発想が主流になることはなかった。障害になったのは大艦巨砲主義にこだわり続けた「軍神」東郷平八郎の存在だった。海軍軍令部長・谷口尚真が「軍備の劣勢は飛行機で補ったらどうでしょう」と尋ねたところ、東郷が「それは男ひでりをおなご（女）で間に合わせるようなものじゃ。そんな浅はかな考えで、どうして国の防衛をまっとうできるか」としかりつけたことが、語り継がれている（佐藤国雄『東郷の晩年』朝日新聞社、1990年）。34年5月30日に死去するまで、東郷は航空戦力に主眼を置き換えることを認めず、対米英戦への道に軍部を大艦巨砲主義のまま引きずり込んでいた。

　大艦巨砲の戦艦大和が就役したのは41年12月16日だった。最近フィリピン近海の海底で発見された同型艦の武蔵ともども無用の長物だった。（TA）

3 「大検証」——日本軍による華僑虐殺

▲かつて国立博物館に展示されていた大検証のジオラマ

▲チャイナタウンに立つ「大検証」の記念碑（シンガポール政府建立）

　「これがほかでもない地獄さながらのシンガポール検証大虐殺事件である。フィリピンの大虐殺および南京大虐殺とならんで、日本軍の歴史に残る三大汚点である」（蔡史君）、「遺憾な粛清事件であり、この事件は大東亜戦争史上一大汚点となった」（全国憲友会連合会『日本憲兵正史』の自伝から）

「大検証」の背景

　日本は中国侵略を目論んだ日中戦争で、欧米から経済制裁をされ資源供給を抑制された。そこで東南アジアから資源を獲得するために始めたのがアジア太平洋戦争だった。そして経済力のある華僑が集まるシンガポールが陥落したら、日本軍が行うことは何か❓それは中国戦線を有利にするために、中国本土を支援している人たちを締めつけることだ。そうして行われたのが、シンガポールで「大検証」と呼ばれる華僑虐殺だった。

　シンガポール上陸作戦の決行前にすでに粛清計画はあったようだ。1月末、参謀長・鈴木宗作中将は、マレー半島クルアンで次のように話した。「軍はシンガポール占領後華僑の粛清を考えているから相応の憲兵を用意せよ」と。またシンガポール陥落後「軍によって綿密に検討され、軍司令官によって決定されたもの」だ、とも。

　1942年2月14日、大本営政府連絡会議の「華僑対策要綱」は、華僑の経済力を占領に利用することを打ち出した（4月通達「華僑工作実施要領」には「反抗の徒に対しては極刑」とある）。

　この方針に沿って、山下奉文第25軍司令官は、「最も速かに市内の掃蕩作戦を実施し、これ等の敵性華僑」を「処断」するように部下に命じた。

　「俺はこの島の人口を半分にしようと思っているのだ」（参謀・辻政信中佐）という言葉の真意には諸説あるが、いずれにしろ、この粛清は、抗日運動をしている者だけではなく、勝手な理由をつけて虐殺される者も多かった。

　指導にあたったのはシンガポール警備司令部司令官・河村参郎少将で、作戦の監督者には辻中佐があたった。

「大検証」の手法

シンガポールが「昭南島」と改称が発表された翌日の2月18日、ラッフルズ・カレッジにあった軍司令部で山下は、2月21〜23日の間に「抗日分子」掃討作戦の実施を命じた。河村は「抗日分子」を見分ける困難さや、一部華僑の協力の必要性に言及したが基本路線は変わらず、命令は実行に移された。

実施にあたり、憲兵隊の分隊長以上がフォート・カニングの憲兵隊本部に集められ、第2野戦憲兵隊長・大石正幸中佐から命令が下された。それに従い19日には、「18〜50歳の男性は21日正午までに飲み水と食糧を持って指定した場所に集合」との布告が出された。日本軍は人口の多いところを選んで鉄条網で囲み、出入口に検問所を作った。

日本軍による粛清の対象者は、部隊によって若干の違いがあるようだが、大まかには以下のようだった。

① 華僑義勇軍兵士
② 共産党員
③ 略奪者
④ 武器を所持または隠している者
⑤ 抗日分子またはその恐れのある者、治安と秩序を乱す恐れのある者

日本軍は「演説を聞きに行け」「各人は良民証の給付を受けなければならない」などと情報を流した。中には「市民は1人25ドルの救済金を支給する」などのデマもあったという。

「大検証」の実態

21日から、最初に「大検証」が行われた地域と担当部隊は以下の通りであった。

- アラブ・ストリート（水野隊）
- ジャラン・ブサー（大西隊）
- リバー・バレー・ロード（合志隊）
- カトン、ゲイラン地区（宮本隊）
- タンジョン・パガー地区（久松隊）
- チャイナタウン（上園隊）
- 市街地郊外（市川隊）

2章 シンガポール史の中の日本

▲主な処刑地点と検証地点（林博史『シンガポール華僑粛清』高文研、P116より）

53

集められた華人に対しては、各検問所の憲兵小隊長が「抗日分子」を区別する基準を決定して、それに則り進められた。以下は一例である。

- メガネをかけた者
- 20万ドルの財産がある者
- 南洋に来て5年未満の者
- すべての銀行職員
- 政府の仕事に携わっていた者
- 10人から1～2人を引き出す

メガネをかけた者や銀行員はインテリだ、と大した根拠のない基準で人の生命が奪われていった。現実に細かいチェックは不可能で、抗日的でなくとも解釈を拡げて虐殺の対象を決めていた。そういう意味で、無差別虐殺に近いといえる。

憲兵隊は元義勇軍兵士らに覆面をさせ、「抗日分子」と思われる者を指摘させたり、抗日団体の名簿から関係者を捕えることもした。

運よく虐殺対象を免れた者には「華僑登記証」(良民証)に「検」の印が押されたが、押印を体や衣服にされた者もいて、洗えずに苦労したという。市川部隊は例外で、処刑を行なわなかったことが戦犯裁判で明らかになっ

ている。なぜか？ 中国人が少ない地域を担当したこともあるが、上意下達を無条件に受け入れずに自ら状況判断をした可能性が指摘されている（88頁）。

2月28日から今度は近衛師団により、検証が郊外地区で行われた。その集合場所は以下の通りである。

- 北東部アッパー・セラグーン・ロードのオーラーズ・ロッジ
- 東海岸チャンギ・ロード8.5マイル
- 市街北トムソン・ロード
- ブキティマ、トー・トック・ロード
- 西部ジュロン・ロード
- ジョホール・バル王宮西広場など

処刑の場所とその数

「抗日分子」として検証で分けられた華僑たちは、トラックの荷台に乗せられ処刑地に連れて行かれた。処刑の方法としては、50人を1組として、それぞれに長い溝を掘らせたあとその前に立たせ、機銃掃射したケースや、ピストルで脅して毒薬入りコップを飲ませたケースがあった。十数人まとめて下水管や穴に押込み、イギリス軍が残した銃弾を入れガソリンをかけて爆発させた例もある。こうした体験談は、

▲集合場所の一つ、アラブ・ストリートとノース・ブリッジ・ロードの交差点

国立公文書館の記録や様々な書物に記述されている。

処刑者の多かった場所はチャンギ海岸、セントーサ島の沖、プンゴル島で、政府によるモニュメントがある。このほかにも主に海岸部、60年代に最も多くの遺骨が発掘されたシグラップなどがある（1962年の遺骨発掘では2176体分があった）。

シンガポール陥落後、地元マスコミは日本の新聞社が編集「協力」するようになっていた。"Syonan Times"（英字紙）では、「検証大虐殺は抗日分子を一掃するためであり、社会主義者及び抗日団体のメンバーはすでに処分した」、『昭南日報』（華字紙）では「抗日首謀者はすでに厳重に処罰」と報じた。日本語の雑誌では、「かつての抗日華僑に対し、今後の災いを絶つため厳重な処分をおこなった」と「大検証」を正当化した。

「大検証」をどう見るか

「大検証」での犠牲者数には議論がある。大本営の『大東亜機密作戦日誌』では「第1期粛正で約5000人」とある。辻政信はシンガポールで6000～7000人を殺したと語ったという。参謀・杉田一次中佐は「5万人全員を処刑することはできないがその約半数は既に殺した」と語った。シンガポール戦犯裁判では5000人という数字があげられた。

このような日本軍の占領や大きな虐殺事件は、シンガポール社会に大きな衝撃となった。近年この事実の扱いは小さくなりつつあるが、国防意識を高める必要性は強調され続けている。一方、日本では辻政信が戦後、逃亡したばかりでなく、アメリカ軍との関係作りに成功して日本で国会議員にまでなったことは、戦争責任とは何かがやはり問われるだろう。

2015年7月25日付朝日新聞「70年談話　学者の危機感」の対談記事で、三谷太一郎・東大名誉教授が元陸軍省軍事課長・岩畔豪男氏から聞いた話として、「日本陸軍が最も反省を迫られた事件は、南京虐殺とシンガポール虐殺だった」と紹介している。また藤原帰一・東大教授は、日本人の戦争の記憶から抜け落ちているのは日本の兵士の経験と日本軍に殺される側の視点とした上で、「シンガポール陥落後の中国系住民虐殺は、現地では知らない人はゼロに近いが、日本では知っている人は少ない」と指摘している。「大検証」という事件は、歴史の事実としてだけではなく、いま改めて多角的なまなざしで視ることが必要ではないか。

（SU）

▲「華僑登記証」左側に「検」の印が押してある（シロソ砦の展示から）

▲チャンギ空港ターミナル1　入国審査場はかつての虐殺現場の一つだった所に建てられている

植民地時代を学ぶ──博物館、資料館

●切手博物館
／Singapore Philatelic Museum
アングロ・チャイニーズ・スクールの建物を改装して1995年オープン。シンガポールに郵便制度が導入されたのは1819年、現在のように切手を使用するようになったのは1854年。そうしたイギリスの植民地時代の切手から、日本統治時代の切手も展示されている。世界各国の切手の展示や特別展もあり、リピーターが多いという。
■年中無休 9〜19時 月曜日は13時から 入場料 S$5 MRT：シティ・ホール駅またはドービー・ゴート駅

●ジェネラル・ホスピタル博物館
／Singapore General Hospital Musuem
1926年3月に設立されたジェネラル・ホスピタルの建物の一部をリフォームして、2005年に開館した。戦時中にこの病院の果たした役割も展示されており、歴史展示では"Hospital Under Siege"（襲撃された病院）というコーナーがある。
　また駐車場の一角には、1942年2月に亡くなった107人のイギリス兵（マレー6人、インド5人、オーストラリア2人を含む）と、構内で射殺された11人の学生を含む300人の犠牲になった市民を追悼する十字架が建っている。犠牲者は現在クランジに葬られて、モニュメントが建っている。
■月曜定休 10〜18時 入場無料 MRT：オートラム・パーク駅

●コイン＆ノート博物館／Singapore Coins & Notes Museum（移転準備中）
　シンガポールの「お金」をイギリス統治時代、日本占領期などを含めて展示していて、ここからシンガポール史の一面を知ることができる。チャイナタウンに位置し、国外の珍しい紙幣・貨幣も見ることができる。
■年中無休 10〜20時 入場料 S$10 MRT：チャイナタウン駅

●ブキ・チャンドゥ回想館
／Reflections@Bukit Chandu
　日本軍のマレー半島上陸、シンガポール上陸作戦とその最終段階でのブキ・チャンドゥの戦いを、多彩なビジュアルと証言で展示している。また証言を中心に、犠牲となったマレー人将校や華僑住民の視点からもシンガポール戦を理解することができる。
■月曜定休 9〜17時 入場料 S$2 MRT：パシル・パンジャン駅

（SU）

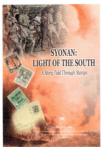
▲切手博物館での「昭南」展

▲ジェネラル・ホスピタル博物館

▲回想館の銀輪部隊の展示

コラム

日本の占領を見続けてきたホテルたち

▲グッドウッド・パーク・ホテル

▲シンガポール河口のフラトン・ホテル

▲ライトアップされたラッフルズ・ホテル

グッドウッド・パーク・ホテル

　クラッシック・ホテルは、日本軍占領時期を知ることができる証人でもある。

　オーチャード・ロード西側の、木材を効果的に使った温かなデザインの建物、それがグッドウッド・パーク・ホテル（Goodwood Park Hotel）である。ドイツ人の社交クラブとして1900年に建てられたが、第1次大戦でイギリスに没収・競売され、29年からはホテルとして営業していた。

　戦時中は日本海軍の事務所兼宿泊施設である「海軍水光社」となり、終戦直後はイギリスの戦犯裁判所として使われた。

フラトン・ホテル

　シンガポール河沿い、元祖マーライオンの近くに1928年にパラディアンスタイルで建てられたのがフラトン・ホテル（Fullerton Hotel）である。フラトンとは、初代海峡植民地総督の名前だ。建設当初は商工会議所、のちには省庁、そして中央郵便局が96年まで使用した。

　戦時中はトーマス総督とパーシバルが降伏について協議した場所で、陥落後は日本軍の南方軍政総監部として使用され、南方軍政の中枢的場所であった。正面入口前にはシンガポール道路元標がある。ホテルになったのは2001年だ。

ラッフルズ・ホテル

　シンガポールのホテルの代表格といえばやはりラッフルズ・ホテル（Raffles Hotel）（24頁）だ。コロニアル（植民地風）様式の典型的デザインのこのホテルは1887年に開業し、現在の建物は99年に完成した。戦時中は「昭南旅館」という名前を付けられ、従業員の制服は和服とされた。

　いずれのホテルも日本統治を示すような展示はない。泊まらずとも、炎天下に涼しいロビーで休憩し、戦争の歴史が刻まれていることを感じ取る機会にしてはどうだろうか。　　　　（SU）

2章　シンガポール史の中の日本

4「昭南島」の人びとの暮らし
―― 昭南神社・最敬礼・奉納金

▲「軍票」は、持参者の求めに応じて支払うことを日本政府が保証していた。

▲軍票や関連書類を示して、補償を求める人は少なくない（写真はマレー半島で）

日本軍政の始まり

1942年2月、シンガポールは「昭南島」と改称され、翌月には日本から市長が派遣されて「特別昭南市」という形の軍政が始まった。

日本軍は皇民化教育を進めるために、その象徴として日本からヒノキを取り寄せて「昭南神社」を建設した。また、シンガポール攻略戦で最大の激戦地だったブキティマ高地の近くのブキ・バトに、戦死者の慰霊施設「忠霊塔」を建てた。権威的な精神性を持つ施設の建設は、支配の意思の強さを表す（日本の降伏直後に「昭南神社」や「忠霊塔」は日本軍が爆破したため、現在はわずかに痕跡が残るのみ）。

日本はこのような権威性を日常生活にも刷り込もうとした。街を歩く人は憲兵に必ず最敬礼をしなければならなかった。

子どもだった謝昭思さんは、憲兵に最敬礼をしなかった人がその場で銃殺されたのを目撃した（134頁参照）。

地元の人々の結束を解体し、抵抗を弱めるために民族分断政策が進められた。マレー半島同様、中国系は徹底的に弾圧された。優遇されたマレー系で

も暴行の被害を受けた。また日本と同様に相互監視システムである「隣組」が導入された。インド人はインド国民軍（INA）に参加させて、イギリスに対抗させるために泰緬鉄道には送られなかったが、日本軍に殺された者もいた。ユーラシア人はヨーロッパ人に見えたこともあって敵国人扱いされ、処刑された者も多かった。

憲兵隊は抗日運動を厳しく取り締まり、拷問を加えた。それでもマラヤ人民抗日軍や136部隊などの抗日運動は続いた。

物価は急騰し、41年から45年の間に米価は1ピクル（約60kg）5ドルから5000ドルに値上がりした。

「Banana Note」の意味は？

軍政下では教育システムが変えられて、中学校は専門学校となった。他の東南アジア各地同様に日本語教育が進

められ、授業も日本語授業の割合が増やされた。日本語普及のために日本語学園が開設され、教員には、軍報道班員としてシンガポールに来た作家の井伏鱒二や海音寺潮五郎などがいた。宮城遥拝（皇居に向かって最敬礼し、天皇への忠誠を誓う）が導入されたことは、特に偶像崇拝をしないイスラーム教徒には大きな苦痛であった。

この周学校へ通う生徒数は大幅に減り、結果的に現地の子どもたちの教育の機会を奪った。1941年に498校あった学校は占領後に88校に、7万1800人の生徒が1万2904人にと激減した（『日本軍占領下のシンガポール』）。映画館では日本の映画かプロパガンダ物のみ上映された。

経済政策では、日本軍の紙幣である「軍用手票」（軍票）が発行された。これはその図柄から「バナナ・ノート」と呼ばれた。また「勤労奉仕」として14〜40歳の男性に労務手帳を持たせて働かせた。そのため他業種で労働力が不足し、さらなる物資不足をまねくようになった。

国際法をくらます「奉納金」

現地住民の財産を取り上げる手段として「奉納金」の提供が命じられた。自主的なように聞こえるが、国際法で禁じている強制的な資金供出をカムフラージュするためと考えられる。マラヤ全体（含むシンガポール）から5000万海峡ドルという額で、実質的には強制寄付であり、財産の没収だった。

日本側はこれを2月27日に提示し、3月2日から4月20日までを募集期間とした。しかし実際は5月20日の時点で56％しか集まらなかったため、現地の人々は横浜正金銀行から1年間の期限で不足分を借りて調達させられた（年利6分）。「奉納金」は「華僑工作実施要領」に軍費と統治資金の調達が目的だと記されている。そしてそれが通貨価値の収縮や華僑勢力の抑制という「一石三鳥」（『横浜正金銀行全史』）にもなった。素早く国際法の網目をかいくぐる施策を行なえたのは、以前から周到に準備されたからと推測できる。

戦後、マレー半島の華人団体はマレーシア日本大使館へ毎年、書面でこの「奉納金」の返還要求をしてきた。マレー半島各地では当時の領収書や、横浜正金銀行への返済帳簿が残されていて、現地の人々がこの問題を忘れていないことを示している。（SU）

▲山下奉文への贈呈場面（上）と領収書（下）フォード・メモリアルの展示から

▲昭南島華僑協会が華僑に発行した奉納金領収証

5 日本の降伏——連合国の戦犯裁判

▲戦犯裁判が行われた最高裁（左）と市庁舎（右）。現在はナショナル・ギャラリー。

日本軍の降伏

　日本の敗戦に伴いイギリス軍はシンガポールに9月5日に上陸した。この間日本軍はブキ・バトの忠霊塔や昭南神社を自ら破壊し、軍政の証拠となる文書をひたすら焼却した。そして9月12日に、シンガポール市庁舎において降伏文書に調印した。板垣征四郎大将（第7方面軍司令官）など日本側6人が、東南アジア連合軍最高司令官マウントバッテン海軍大将（提督）の前で降伏文書に署名した。この場面はセントーサ島にあるシロソ砦の歴史展示室で、ろう人形を製作して再現されている。また降伏文書のレプリカがチャンギ・チャペル＆博物館などで販売されている。

戦犯裁判

　戦犯裁判はアジア各地49カ所で行われた。担当別では、アメリカ（5カ所）、イギリス（11カ所）、オーストラリア（9カ所）、オランダ（12カ所）、中国（10カ所）、フランス（1カ所）、フィリピン（1カ所）によって行われた。シンガポール、ラブアン、香港では複数国の裁判が行われた。その1つシンガポールでは、イギリスとオーストラリアによる裁判が1946年1月から始まった。ハイ・ストリートの角で車を降りて裁判に向かう日本軍将校たちには、数千の市民から厳しい言葉が浴びせられたという。

　あわせて1000人近くの対象者があったため、最高裁判所だけでなく、

グッドウッド・パーク・ホテルやビクトリア・メモリアル・ホールが法廷として使用された。この中で3大裁判といわれたのが、華僑虐殺（「大検証」）、泰緬鉄道建設における捕虜虐待、昭南陸軍刑務所（オートラム）事件（連合国軍捕虜への虐待）だ。またオーストラリア特攻隊による2度目の昭南港襲撃事件（1944年）の関係者への裁判も注目された。これらの裁判の時には、連合国軍兵士による日本兵への残虐行為も行われたという。

シンガポール裁判は、全体では137件、490人が裁かれ、うち死刑141人（絞首刑137人・銃殺刑4人）、終身刑43人、有期刑229人、無罪49人、その他28人という結果だった（のちに減刑あり）。被告数が1番多かったのは、昭南陸軍刑務所事件と、一般市民への虐待事件であった。

裁かれた「大検証」

「大検証」について、起訴状は「1942年2月18日から同年3月3日までの間、シンガポール島において、被告人西村琢磨は近衛師団長として……被告人河村参郎は警備隊司令官として……またほかの被告人は憲兵隊の将校として、一般住民の生命および安寧に関してすべての責任を有するところ、戦争の法規ならびに慣例に違反し、シンガポール島の一般居住住民に対して……これら虐殺に関与した」と述べ、東京裁判でも重要案件として取り上げられた。

判決では、絞首刑が野戦憲兵隊長・大石正幸憲兵大佐、警備司令官・河村参郎少将（1947年6月26日執行）、そして終身刑が近衛師団長・西村琢磨中将（蘭印裁判で銃殺刑）、野戦憲兵隊長・横田昌隆中佐、城朝龍中佐、大西覚少佐、久松晴治大尉だった。

量刑の重さについて、岩川隆（『孤島の土となるとも－BC級戦犯裁判』）は、イギリス人への戦争犯罪の判決は大変厳しかったが、中国人への戦争犯罪の判決は寛容としている。しかし、林博史（『裁かれた戦争犯罪』）は、上官の命令が合法的でなく、それが人道的にも許されないような行為に従った場合は免責されない、という原則に基づいており、中国系への判決も決して寛大ではなかったと指摘している。

（SU）

▲昭南港襲撃事件の説明板（ハーバーフロント、スターバックス前）

コラム

チャンギ・チャペル＆博物館──連合国軍兵士の追悼の場

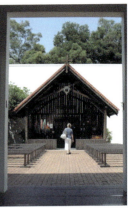

▲当時のチャペルを模したスペース。訪問者はここで祈りを捧げる

　チャンギ空港に隣接して戦前からのチャンギ刑務所がある。ここに戦時中は日本軍が連合国軍捕虜を、戦後は連合国軍が日本軍捕虜を収容した。かつては正門脇に資料室があったが、建て替えを機に場所を移し、2001年の2月15日（シンガポール陥落の日）、新たにチャンギ・チャペル＆博物館としてオープンした。

　この博物館は、資料館と、追悼のための施設という、2つの役割を持っており、イギリス人、オーストラリア人をはじめ多くの観光客が訪れる。

中庭にチャペル

　建物内は4つのパートに分かれている。また中庭には、当時のチャペルを模したスペースがあり、当時使われた木札が掲げられ、訪問者はここで祈りを捧げる。

　建物に入ると、地図「Japanese Invasion of Malaya and Singapore」から始まり、第2次世界大戦、日本軍のシンガポール占領、そして捕虜の扱いの展示がある。「Deeds We Shall Never Forget」（忘れてはならない──クランジ連合国軍墓地）、「Beyond Singapore; Paradise Or Hell」（シンガポールの向こう：天国か地獄か──泰緬鉄道）、「Darkest Days」（最暗黒の時代──日本軍によるオーストラリア兵、インド兵の処刑、「大検証」）などのパネル展示がある。また憲兵隊が現在のYMCAの建物内で使用した拷問用ロープのレプリカなども使用して、日本軍占領下の実態を想像できるエリアもある。

ギャラリーでは

　次のギャラリー・スペースでは大きな"Changi Murals"が印象的である。これは捕虜が描いた壁画のレプリカで、さらに収容所内部の再現や、元捕虜たちが後日、厳しい抑留の様子を描いた作品が数多く展示されている。これらの作品については、モニターにデータベースが用意されている。自分

たちの過去を振り返るのみならず、次の世代に伝えておきたいという意思が感じとれる。ここにもチャペルがある。

次はギフト・ショップとなっており、キーホルダーなどの一般的な土産品のほか、日本軍の降伏文書のレプリカなどもある。また捕虜の体験記を中心に第2次大戦下のシンガポールに関する書籍をそろえ販売している。関連書籍がこれほどまとまって販売されている場所は他にはないだろう。

出口付近には、捕虜関係のデータが国別に分類されてファイリングされており、戦跡を巡る資料としてだけではなく、戦争で兵士がどのように動員されたかを知るのに参考になる。

3つのガイド・ツアー

ガイド・ツアーの充実ぶりも特筆される。館内ツアー（1時間）や、水曜日の戦跡ツアー"End of Empire-Singapore 1942"、土曜日の連合国軍捕虜施設めぐり"Changi WWⅡ"（3時間、料金はS$35）が設定されている。

これは主にイギリスとオーストラリアからの訪問者を意識したものといえる。戦争の記憶は当事者や子孫たちを含めて途絶えてはいないのだ。イギリス軍元捕虜がトラウマに悩んで訪問した泰麺鉄道跡で、日本人通訳永瀬隆さんと出会った実話をもとにした映画『レイルウェイ――運命の旅路』（2013年、原題 "The Railway Man"）は、そのことを私たちに教えてくれる。

博物館の前の道を800mほど行くと軍施設前に捕虜収容所の1つ、セラランク・バラックの説明板がある。またその手前の道を右に1kmほど行くとジョホール砲台だ。巨大な砲身のレプリカがある。

一方、博物館からタナ・メラ駅方面へ1kmほど行くとチャンギ刑務所だ。戦前に建てられた刑務所のメインゲートと壁の一部が今も保存されている。

（SU）

開館時間 9:30 ～ 17:00
年中無休　入場無料
MRTシティ・ホールやブギス、タナ・メラ駅からバス2番、MRTタンピネス駅から29番バスで、チャンギ・チャペル＆ミュージアム停留所下車。

▲セラランク・バラックの説明板

▲映画『レイルウェイ――運命の旅路』

▲現在も残るチャンギ刑務所

6 BC級戦犯裁判とは？

▲戦犯裁判所の1つ、ビクトリア・メモリアル・ホール

▲国際法に反して病院でも虐殺行為があった。（ジェネラル・ホスピタル博物館）

　戦争犯罪は、それが起きた現場だけではなく、行為を生じさせた社会背景や国家・軍の持つ性格を見ることで、それを裁くことの意味が明らかになる。第2次大戦時の日本の多くの戦争犯罪は、現場では多くの兵士に戦争法規が徹底されなったことに原因があるが、それだけでなく、経済的理由や権威保持のために、国際法も人権も無視し、暴力性を露わにしていた本質を見据える必要があるだろう。
　ドイツ・ニュルンベルク裁判を行うために作成された国際軍事裁判条例では、第6条（東京裁判では第5条）で戦争犯罪を、指導者層たちのA項「平和に対する罪」、それ以外のB項「通例の戦争犯罪」、C項「人道に対する罪」の3つに区分した。B項とC項の犯罪は重なる部分が多いことで、合わせて「BC級戦犯」と呼ばれている。細かいところでは、B級は戦時の敵国民への犯罪で通例の戦争犯罪（戦争法規の慣例違反）、C級は平時や、自国民への犯罪も含めて政治的・人種的理由に基づく迫害行為を対象にしている。
　日本への戦犯裁判が事後法での裁きだから無効といわれるが、日本が侵略戦争を禁じたパリ不戦条約（1928年）を批准していることでA項の条件は形成されていると指摘されている。また、それ以外の者は基本的にはB項「通常の戦争犯罪」で裁かれているので、これも無効とはいえないだろう。
　日本に対するBC級戦犯裁判は、合わせて8カ国（米ソ英仏蘭豪中比）、49カ所で、被告総数は約5700人、うち死刑判決は984人であった。

シンガポールでの戦犯裁判
　シンガポールではイギリスとオーストラリアによって戦犯法廷が開かれた。イギリスの戦犯法廷は東南アジア

20カ所で行われたが、戦犯裁判の組織、各手続きを定める「戦争犯罪訓令」を制定するなど法的手続きを重視していた。イギリス軍主体の東南アジア連合地上軍司令部の下に裁判所が設置され、裁判官は基本的に3人で構成されていた（裁判長は陸軍中佐。これに少佐、大尉がつく）。検察官は法務少佐、弁護人は日本人弁護士で、イギリス軍将校が助言者としてついた。裁判は一審のみで、有罪判決の場合、被告は嘆願書を出すことができた。一方的な思い込みでの有罪判決もあったが、要員不足もあって、実際は逮捕者約9000人（容疑者はさらに存在した）の1割しか裁判にかけられなかったという側面もあった。

裁判は1946年1月21日から始まり、1948年3月12日まで行われた。

戦犯裁判で、無効論と並んでいわれるのが、勝者の報復裁判という論だ。しかし、イギリス軍は再び植民地支配をするため地元感情に配慮して、現地住民への犯罪の裁判が多かったと、研究では明らかになっている。またポツダム宣言第10条には、「われらの捕虜を虐待した者を含む一切の戦争犯罪人に対しては厳重な処罰を加える」とあり、都合のよい報復裁判ではないことがわかる。

戦犯裁判の現場では、連合国軍側からの暴行や虐待などの問題もあった。しかし、そのことで戦犯裁判が否定されるべきではない。一方で日本は軍事裁判もせず多くの兵士を殺していることも、説得力を弱めている。またこうした戦犯裁判があったことが、冷戦による長い中断を経て、90年代から戦争犯罪を裁く国際刑事裁判所の成立につながったことは国際的には常識である。

日本人として裁かれた朝鮮人・台湾人

他の東南アジアにおける戦犯裁判で取り扱われた主な事項としては、泰緬鉄道での捕虜酷使、マラヤでの華僑粛清、各地の虐殺などがある。連合国は開戦直後から捕虜待遇に抗議し、ジュネーブ条約（1929年）の遵守を申し入れていた。日本政府は「準用する」と回答したものの、誠実に対応しなかった。「生きて虜囚の辱めを受くることなかれ」（戦陣訓）という捕虜観をもっていた日本軍は捕虜を強制労働させ、多くの犠牲者を出した。戦後の連合国による戦犯裁判で、軍属などとして日本の戦争に動員された朝鮮人・台湾人は「日本人」として裁かれ、多数が有期・死刑判決を受けた。

シンガールでは多くの生命を奪った華僑虐殺（「大検証」）の裁判は大きな注目を集めた。一方で、性犯罪は裁かれないままであった。

また「大検証」をあおった辻政信など、戦犯追及を逃れた人物も存在する。

このほか、裁判では証拠隠し、逃亡、戦死者に責任を押しつけた例もあるという。戦争犯罪にきちんと向き合わず、これらを隠そうとする姿勢は、ものごとの責任を明確にせず、他者を大事にしない社会につながる。戦犯裁判をきちんと行うことは、筋道を通すことを大事にするフェアな社会を形成することにつながるはずだ。

戦犯裁判が行われた場所の一つ、ビクトリア・メモリアル・ホールは、1862年に建立された。1905年、ビクトリア女王追悼で右側に同じ形の建物が造られ、1909年にはそれをつなぐ形で時計塔が増築された。日本統治下では病院として使用されていた。
（SU）

2章　シンガポール史の中の日本

7 血債問題──遅れて掘り起こされた過去

▲「過去を悔いない日本」に対して抗議する10余万人の集会。『星洲日報』1963年8月26日

大検証の犠牲者の遺骨の発見

　戦犯裁判が終わると、日本企業の経済活動が再開された。イギリス領だったこの地への賠償については、宗主国であったイギリス政府が担当して戦争損害請求委員会を設けた。そして日本人の資産を使用してイギリス系企業への補償がなされたが、サンフランシスコ講和条約において基本的には賠償請求権を放棄したといういきさつがあった。それは、現地の人々にしてみれば納得のいくものではなかった。しかし1961年12月から翌年にかけて住宅建設現場から「大検証」などの虐殺犠牲者のものと思われる人骨が発見されると、中華総商会が中心となってつくられた「日本佔領時期死難人民遺骸善後委員会」により、島内各地で次々と遺骨発掘が進められた。そして63年8月には、市庁前広場に10万人規模の人々が集まって抗議と賠償を要求する大会が開催された。この賠償要求は「血債」問題として大きくクローズ・アップされた。「血債」という言葉には「血（命）を償え」「命の価値の問題」という意味がある。

経済援助協定の中身

　日本政府の反応は鈍かったが、シンガポールの日本人会の働きかけもあって、66年に日本政府はようやく賠償に取り組み、67年9月にはマレーシアとともに経済援助協定が締結された。しかしその内容は、無償協力費としてＳ＄2500万分（約29億5000万円）の生産物と役務の供与、具体的には造

船所や人工衛星通信基地の建設、ジュロン港のクレーンなど、また有償協力費としてS＄2500万が支払われた。これには、日本企業進出のために利用された面があると指摘されている。

1967年2月15日（1942年のこの日、日本軍がシンガポールを占領した）、市内中心部に「日本佔領時期死難人民紀念碑」（「血債の塔」）が建立された。高さ68ｍのこの塔は4本の柱で成り立っており、それぞれ英語、中国語、マレー語、タミール語で表記された追悼文の銘板がはめこまれている。つまり、中国系の犠牲者に対する追悼のみならず、シンガポールの全民族を意識したものとなっている。そしてその足元（基礎部分）には発掘された遺骨が埋葬されている。この「血債の塔」は地元からの募金とシンガポール政府からの拠出金で建てられた。日本側からの補償金が充てられたというのは誤りだ（101頁）。

日本とシンガポールの歴史を考える出発点

1967年10月に当時の佐藤栄作首相がシンガポールを訪問したが、「血債の塔」には立ち寄らなかった。また、日本のビジネスマンが70年代後半、目障りだから移動してほしいと申し入れをしたという無神経な話が特派員によって日本国内に伝えられ、それがまたシンガポールで報道されて物議を醸すということもあったという。

シンガポール観光をする者にとっては、意識せずともその前を通る可能性が高い「血債の塔」は、MRTシティ・ホール駅に近く、ラッフルズ・ホテルなども至近距離だ。地元の地図には"Civilian War Memorial"（民間人戦争メモリアル）とある意味を深く考えたい。

この場所はシンガポールの歴史を考える出発点にふさわしい。　　　　（SU）

▲血債の塔の足元にあるモニュメント

2章　シンガポール史の中の日本

コラム

証言・「大検証」を経験して

―― 李樺 さん

▲拷問の様子を語る李樺さん

『大検証』を受けるまで

1942年、日本軍がシンガポールに侵入した時、私はタンジョン・パガーで、父と兄2人とで暮らしていた。当時16歳の私が、ラベンダー・ストリートを通りかかった時のことだった。日本兵が立っていた。占領直後で最敬礼は知らなかったが、他の人がお辞儀をしていたので、私もそれに倣った。1人の老人が自転車で通りかかり、自転車は下りたがお辞儀をしなかった。日本兵は「おい！」と大声で怒鳴った。そして、いきなり銃殺した。私は激しい怒りを感じ、もし近くに武器があったら攻撃しようとまで考えた。おじいさんは田舎から市内に食料品を買い物に来たのではないか、その人が殺されたら一家は……と考えると、歩きながら涙が出た。この事件がその後抗日運動に加わるきっかけとなった。日本軍が来たら幸福になると思ったが、幻滅に変わった。

「大検証」

日本軍の占領から1週間ほど過ぎた頃、男が1軒1軒の家をまわって成人男子を呼び出し、道端に並べた。長い列ができ、「検証」（粛清）が始まった。

2人の日本兵が机の前に座り、集まった男たちは1人ずつ顔を見せた。日本兵のわきにいる黒い覆面をした人物が頷くかどうかで判断されていたようだった。『検』の判を押された男は帰されたが、押されなかった男はその場で撃たれるか、別の場所に連行され2度と帰ってこなかった。私は服の襟首に「検」の印を押され、家に帰された。ケッペル・ロードの電柱にマレー人や中国人7人の首が晒されているのをみて急いで帰宅したが、怖くてその後外出できなくなった。『検』には「残・拾」の意味がある。私は服を洗わず外出時だけに着た。シンガポールの人たちは戦々恐々として生活した。

抗日組織に加入、逮捕

私の父と2人の兄は、抗日運動に参加していた。私も兄に教えられて、『創始』というマライの抗日の報告が乗っている雑誌を読み始め、『自由報』というニュースレターで抗日活動を学び始めた頃、日本軍の「手先」になった中国人の手引きで、兄と父は逮捕され、虐殺された。

私も私服の憲兵隊に囲まれ車に乗せられ、オクスリー・ライズ（OXLEY RISE）の建物の中に入れられた。そこは「拘留所」と「死刑執行所」だっ

た。拘留所では、日本兵がまずコーヒーを飲み、抗日組織の名と人名を尋問してきた。私が「知らない」と答えると、拷問が始まった。両手を上にあげて吊り下げられ、痛みで汗びっしょりになり、10分ほどで気を失った。「日本軍に協力すればいい待遇になる」と懐柔もされた。それに応えないと、次には両手の親指に電線を巻き、電流を流した。全身に激しい衝撃が走る電気ショックを繰り返す、こんな拷問が、1日に1～2回、1か月以上続けられた。

裁判長に訴える

ある日、私は帝国軍事法廷への呼び出しを受けた。17人が後ろ手に紐でつながれて出廷した。私は3番目に名を呼ばれ「抗日運動参加は違法。死刑」の判決を受けた。刑の宣告後、裁判長は「何かあれば言いなさい、日本軍に協力すれば減刑もある」と言ったが、ほとんどの人は恐ろしさで泣きじゃくるばかりだった。私は、どうせ死刑だと開き直り次のように述べた。

「あなたたちはどうして東京で家族の団欒を楽しまないでここに来たのですか？ 私たちは全員抗日です。シンガポールの人は全員が抗日です。要求というなら死刑にしないで何年でもいいから牢獄に送って欲しい」。

裁判長は「3番、若いので誰かに利用されたのだろう。寛大に懲役15年…」と判決を読み上げた。私は正直ほっとした。しかし、死刑は免れたけれど牢獄生活は厳しく、食べ物は固い野菜の皮のみで棘を食べるようだった。腸を悪くして毎日誰かが死んでいった。私は骨と皮ばかりになり足もまっすぐに伸ばせなくなったが、漢方薬をくれる人がいて、なんとか一命を取りとめることができた。

解放

1945年9月、抗日軍が迎えに来て病院に連れて行ってくれた。近所の人の顔が判らないほどに憔悴していた。1年入院して回復した。その後「抗日出獄聯誼（れんぎ）会」が面倒を見てくれたので日常生活に戻ることができた。

証言をするまで

李さんは、2001年まで体験を話したことはなかった。政府の呼びかけはあったが、家族に悪影響があってはいけないと応じなかった。

しかし、「アジア・フォーラム横浜」が1999年に「尋：二戦受害者」の広告をシンガポールの華字紙に出し、そのことを、シンガポールのジャーナリストが「聯合早報」に記事として取り上げたのを見て、話してみようと連絡をしたのだった。そして、2001年12月に来日し、7日に横浜で開かれた第8回アジア・フォーラム横浜証言集会で証言をした。李さんは証言の最後をこう締めくくった。

「最近の日本の右傾化には心配をしています。日本のみなさん、かつて日本の犯した第2次大戦中のことを忘れないでください。日本政府は事実を闇から闇へ葬り去ろうとしています。侵略者の行動を正当化し、反省する態度が見られません。次世代に賠償責任があることを教えていません。アジアの人の心にも日本の人の心にも友好が生まれません。日本政府に正式謝罪と賠償を求めます。日本が国際社会で名誉ある地位を獲得するためにも訴えます」
（2001年、アジア・フォーラム横浜の証言集会の記録から。吉池俊子）

2章 シンガポール史の中の日本

8 第2次世界大戦——歴史教科書の記述

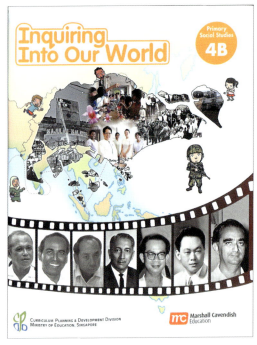

◀小学4年生社会科教科書表紙
2014年版

　独立後のシンガポールでは、経済発展に有用な教科が重視されたため、歴史教育は軽視され、第2次世界大戦の歴史はほとんど教えられてこなかった。それがなされるようになったのは、1984年に中学校でシンガポール史が必修となってからだ。

教科書に見る第2次世界大戦

　中学の歴史教科書は、その後、1994年、99年、2005年に改訂されるが、各版とも大戦時の日本占領を共通の苦難の体験として描き、その苦難の体験がシンガポール独立の必要性を認識させたという記述になっている。

　しかし、一部のマレー人が日本軍の占領統治に協力し、中国人弾圧に手を貸したことや、それがもとでのちにマレー人と中国人の民族対立を招いたことについては触れられていない。

　小学校社会科教科書も1999年と2005年に改訂されるが、日本占領期の描き方は中学校の教科書とほぼ同じだ。内容はかなり詳細で、99年版は54ページ、05年版は58ページを日本占領期の記述に割いている。ところが、13年版ではわずか8ページに激減した。

　その理由を1994年の教科書改訂に関わったコー・イーモイ（Kho Ee Moi）教授に聞いてみたところ、日本占領期の記述が激減した具体的な理由はわからないが、シンガポール史（歴史および社会科教科書）は政府が選んだ執筆者が政府の定めた学習指導要領

に沿って執筆し、書かれた内容についても政府上層部が出版前にチェックする仕組みとなっているので、おそらく政府上層部の判断によるものだろうとのことだ。

教科書執筆の仕組みがこのようであるため、シンガポールの教科書には政府の意向が強く反映されていると見てよい。実際、わずか8ページの日本占領期の記述にも、政府の見方が表れている。

2014年版教科書の記述

2014年版教科書には、シンガポールを攻略した山下奉文将軍とその部下が漫画で登場する。その1コマで、日本軍兵士が「マラヤとシンガポールの人民は愚かだ！　彼らはイギリスに自国の防衛を任せている」と発言している。これはまさにシンガポール政府の見解であり、「自国の防衛は自国民でなされなければならない。そのためには徴兵制の維持が不可欠である」という政府の立場に沿っている。

次のコマでは、「いや、それ（イギリスに自国の防衛を任せているという主張）は正しくない。シンガポール住民の中にはシンガポール防衛のために戦った者もいた」「シンガポール義勇軍は、シンガポールとマラヤの志願兵で構成されていた。日本軍侵略の際に彼らはイギリス軍とともに戦った」「多くの住民はマラヤとシンガポールの防衛を助けた。イギリス軍、オーストラリア軍、イギリス領インド軍もまた日本軍と戦った。多くの人が命を捧げた」と続く。

この描写は、シンガポールの各民族が一致団結して日本の侵略に対抗したかのような印象を与える。しかし実際には、シンガポール住民で戦闘に加わったのはごく少数で、大多数はこの戦争を日本とイギリスの争いと捉え、自国の戦争とは見ていなかったという。

共通の苦難が語られる理由

教科書が上のような描写をするのは、1つには、「侵略の危機に瀕した際には、各民族は第2次大戦時と同じように一致団結して（本当にそうだったかは疑わしいが）国防に協力せよ」という政府のメッセージを生徒に伝えようと意図しているのだろう。

また、教科書は日本占領期を各民族共通の苦難として描いているが、実際には中国人とマレー人とインド人とでは戦争体験は大きく異なっている。にもかかわらず、政府が共通の苦難を強調する教科書を作成し続けるのは、「戦争で各民族が共通の苦難を体験し、それによって外国支配脱却の必要性を初めて認識した。と同時に民族を超えたシンガポール人としての国民意識が産声を上げ、それがシンガポール独立につながった」というシンガポール・ストーリー（政府版シンガポール史）を生徒に教え込むことによって、民族も宗教もバラバラな彼らに「シンガポール国民」という意識を植えつけようと意図しているからだろう。(WA)

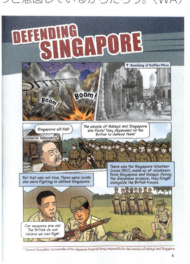

▲小学4年生社会科教科書の大戦の記述

2章　シンガポール史の中の日本

9 住民殺害を正当化できますか？

◀陸軍第五師団歩兵第11連隊第1大隊が1942年3月2日に発令した命令（『マレーシア』編34p）

▶『陣中日誌』表紙　日本陸軍第五師団（広島）歩兵第十一聯隊第一大隊第七中隊の公式記録。中隊ごとに作成を義務付けられていた。敗戦時に戦犯対策で焼却の指示が全軍に出されていた。この日誌が残った事情は『マレーシア』編参照（36頁）。現在は防衛庁防衛研究所（東京・恵比寿）図書館に所蔵。＊以下着色は引用者

日本軍はシンガポールを占領した1942年2月15日後の20～22日の3日間に、「大検証」を強行した。中国系18～60歳の男性住民の多数が殺害された（52頁参照）。

敗戦後、その責任を問われた警備隊指揮官など8人がBC級戦犯裁判に掛けられた。2人が死刑、他は終身刑（1952年サンフランシスコ講和条約発効後に釈放）の判決を受けた。しかし、当時から最近まで住民殺害の正当化を図る論が、次々と繰り返されている。

『日本憲兵正史』には？

その一つに住民スパイ説がある。ブキティマの攻防戦当時、日本軍が進撃して位置を変えているのに敵の砲撃が的確にその場所へ着弾した。付近の住民が日本軍の様子を通報、砲撃を誘導したのだと、日本兵は信じ込んだ。戦友を殺された恨みから激高して、兵士が勝手に住民を殺害したのだ、という。

だが戦後にまとめられた体験記などには、各部隊で中国系住民は見つけ次第殺害せよとの命令が出ていたとある。

従って、この弁解は通用しないし、逆に殺害の事実を補強したことになる。

さらにイギリス軍の降伏直前に解散した華僑義勇軍兵士たちが潜伏してゲリラ戦を仕掛ける懸念が生じていたからだ、という説もある。しかし、これも通用しない。なぜか？

日本軍はマレー半島南端のジョホール州でシンガポール上陸戦の準備中の段階で、殺害方針を決定していた。憲兵隊指揮官に対して「軍はシンガポール占領後、華僑の粛清を考えているから相応の憲兵を用意せよ」との指示がされていたのだった。攻防戦以前に企画されていた殺害作戦だった。この事

実は憲兵隊戦友会による『日本憲兵正史』(1976年刊)に明記されている。

渡部昇一氏のすり替え

また別の説を渡部昇一氏が『産経新聞』1994年9月7日の「正論」欄で、主張している。占領下に裁判官として派遣され、抗日華僑に死刑判決を多数下した人物が、そのことで戦後に戦犯にされることはなかった。華僑殺害は正当な行為とイギリス軍も認めたのだ、という。

この説には巧妙なすり替えがある。日本軍による華僑殺害の大半は、シンガポールでもイギリス領マレーの各地でも、裁判の手続き抜きにその場で実行されている。しかもそれらは軍の正式の命令・指示に基づいていた。そのことは、当時の公式記録『陣中日誌』によって、確認されている(旅行ガイドにないアジアを歩く――『マレーシア』編参照)。中国戦線の南京事件などよりはるかに悪質で、弁明の余地がない。渡部氏の説には何の説得力もない。

中島みち氏、多くの事実誤認

マレー半島各地での華僑虐殺事件の大半が広島の第五師団によって遂行された事実を否定しようという動きもある。同師団長・松井太久郎の長男の妻、中島みち氏がまとめた『日中戦争いまだ終わらず』(文芸春秋社、1991年)と、広島の『中国新聞』が掲載した245回の連載『B・C級戦犯』(1990年8月16日～91年5月26日)だ。

前者は、姑の名誉回復を目指したものだった。しかし事実誤認だらけの杜撰な内容を指摘され、沈黙したまま著者は故人となった。後者は、郷土部隊の第五師団の汚名返上を意図していた。これも、引用資料の改ざんを指摘されたことから社内点検が実施された。正誤訂正約1150か所に及ぶ報告書の公表と謝罪記事の掲載(1991年10月16日)等で一応の区切りとなった(詳細は前掲『マレーシア』編参照)。

これら事実を歪曲して、日本軍による虐殺を正当化しようとする側の常套語が、「自虐的」「自虐史観」などだった。これらの語が『産経新聞』などでしきりに用いられている。最近では自民党などの選挙公約で、歴史教科書批判の文言としても登場している。

また渡部氏の歪んだ主張は、逆に、「現行犯で捕らえた間諜(スパイ)でも裁判の判決を得ずに死刑にしてはならない」との「ハーグ陸戦規定」(日本は1937年に批准)の存在に、気づかせる役割を果たしている。日本軍による中国やマレー半島での住民殺害は、この点でも違法殺害だったことになる。

(TA)

◀3月4日と16日の記録(一部) マレーシアのネグリ・センビラン州を担当していた第七中隊による「敵性華僑狩り」の記録。それぞれ「不偵分子」刺殺55名と156名と具体的に明記している。

コラム　Changi Airport

ベスト・エアポートに選ばれたチャンギ空港

▲ネールケアもできる　▲遠足で訪れた地元の子どもたち　▲ターミナル間はスカイトレインで移動できる

　1981年7月、それまでのパヤ・レバ国際空港に代わり、新しくチャンギ国際空港第1ターミナルの供用が開始された。90年には第2ターミナルが建設され、市街地とはMRTで結ばれた。エアアジアを中心にLCC（格安航空会社）路線が増えると2006年にバジェット・ターミナルも造った（のち廃止）。第3ターミナルは08年に完成し、相互にスカイ・トレインやバスで結ばれている。2013年は過去最高の5370万人（乗り継ぎ含む）が利用し、そのうちLCC利用者は31％で、航空機の離発着回数は34万3800回を数え、東南アジア最大のハブ空港となった。

　出入国審査員も大勢待機しており、行列で長く待つことはまずない。そしてターミナル内の施設は充実の一途である。搭乗を待つ間の椅子が立派なのはもちろん、インターネットサービス、フットマッサージ器、携帯電話充電コーナーや充電可能なパソコン作業机はすべて無料で、あちこちに準備されている。

　各ターミナルにはトランジット・ホテルがあるほか、複数のターミナルに美容院、ペアレント・ルーム（ベビー・ルーム）、フィットネス・ジム、ミニ・シアター（無料映画館）、生演奏が聞けるバーがある。またサボテン、オーキッド、蝶、ひまわりなどの庭園も興味深い。第1ターミナルには屋上プールがあり、第2ターミナルのエンタメ・デッキでは、携帯電話を使用してクイズに参加できる。第3ターミナルには鯉の池や、The Slide@T3（高さ12mのらせん型滑り台）、フィッシュ・スパもある。子どもたちの遠足に出会うこともある。

　職員用食堂（Staff Canteen／B1）はわかりにくい場所だが一般人の利用もでき、ローカル・メニューもある。この空港で数日過ごしたい、という人もいる。イギリスの航空リサーチサービス会社SKYTRAXから何度も"ベスト・エアポート"に選ばれたのを始め、多くの賞を受けている。5時間以上の乗り換え時間があれば、申し込むと無料の市内ツアー（2時間）に参加できる。

　ただし第1ターミナルの足元は「大検証」での虐殺があった場所なのを意識しておきたい（林博史『華僑粛清』）。

　第4ターミナルは2017年の完成を目指し、さらに第5ターミナルの用地造成も埋め立てによって進められている。チャンギ空港はどこまで進化し続けるのだろうか。　　　　　（SU）

3章

エリアガイド
❶シティ・中心部
❷チャンギ・東部地区
❸ブキティマ・北西部地区
❹ジュロン・南西部地区
❺セントーサ島地区
❻お隣りへ

❶ シティ・中心部

1 訪れるたびに変貌し続ける街

▲マリーナ・ベイ・サンズから見るシンガポールの街並み

　シンガポールと聞いて最初に何が思い浮かぶだろうか❓　マーライオン？サーフボードが乗ったような3本のビル❓　いや、リー・クアンユーのアジアへの影響力だった、という人は政治通だろう。

　訪れるたびに個性的なデザインのビルが新しく建ち、古い街並みが再開発され、そしてイベントが目白押しのシンガポール。その変化はあるときは言語政策、またあるときは観光地などに、その生き残り策があらわれている。人々の歩くスピードが速くなり、エスカレーター速度も上がった。島内のアクセスはMRTの路線が次々に開通し、環状線も形成された。金融街には70階建ての高層ビルが建ち並んでいる。買い物客が集まるオーチャード・ロードや中華街、そしてインド人街などで囲まれる中心街にはシンガポール・フライヤーという大観覧車がつくられた。近くでは毎年9月にF1レースが開催されている。最近のシンガポールの変化をもっとも象徴するのがそのユニークなスタイルと、カジノなどで有名なマリーナ・ベイ・サンズだ。

　しかし、こうしたシンガポールの新しい風景と同時に、静かに歴史を遺す史跡がある。まずはインフォメーションで地図をもらって歩き始めよう！

■Area A　シティ・ホール駅周辺

　MRTの中心点ともいえるシティ・ホール駅から地上に出て南側を眺めると、白いモニュメントが建っているのが目に入る。これが「日本佔領時期死難人民紀念碑」だ。

　シンガポール陥落25周年の1967年2月15日に建立された。高さは67mあり、「血債の塔」「Civilian War Memorial」とも呼ばれる（66頁）。その根元にある壺の台座には、英語、中国語、マレー語、タミール語でこう記されている。「1942年2月15日から1945年8月18日までの間、日本軍によってシンガポールは占領されてい

た。その間、われら住民のうちから無実の罪で殺された者は数えきれないほどだった。20余年過ぎた今、初めてここに遺骨を収拾し丁寧に埋葬するとともに、この碑を建立して、その悲痛の念を永久に誌してとどめる」。なぜ8月18日なのか、考えてみてはどうだろうか？

「血債の塔」を背にして、シティ・ホール駅上の70階建てのSwissotel the Stamfordを見上げて顔を右に向けると名門ラッフルズ・ホテル（1899年築）、一方左側にはセント・アンドリュース教会（1862年築）、元最高裁判所（1939年築）、そして駅名になったシティ・ホール（市庁舎／1929年築）が並んで威容を誇っている。

ラッフルズ・ホテルは全室スイート・ルームのコロニアル（植民地風）スタイルの最高級ホテルで、日本統治下では「昭南旅館」と名称を変えられていた。セント・アンドリュース教会は日本統治下では緊急用病院として使用された。聖堂には、1941年12月10日、日本軍によって攻撃され、沈没した戦艦プリンス・オブ・ウェールズとレパルスの犠牲者や、バンカ島事件で虐殺されたオーストラリア人看護婦41人の追悼プレートなどがある。最高裁判所では、終戦後にイギリスとオーストラリアそれぞれにより戦犯裁判が行われた。また市庁舎は、45年9月12日に日本軍が降伏調印をした場所である。2つの建物の前にある大きな広場（パダン／Padangと呼ばれる）は歴史的イベントの場所だった。たとえば、シンガポール陥落後に欧州系民間人がここに集められチャンギ刑務所へ行進させられた。43年7月6日にはインド国民軍が東條英機首相を前にパレードを行った。また日本軍の降伏調印を祝ったパレードもここで行われた。さらに65年8月9日にリー・クアンユーがシンガポール独立宣言をした場所でもある。この両方の建物はナショナル・ギャラリーとして再出発した。

パダン東側のレクレーション・クラブ（1885年築）は現在、ホテルとして宿泊ができる。1942年2月にユーラシアン義勇軍の拠点となり、日本軍占領後は収容所へ行く前の捕虜登録センターになった。西側のクリケット・クラブ（1884年築、のちに増築）は日本軍の軍総務部（Military Administration Department）と、「昭南クラブ」という日本軍将校のティールームだった。

■Area B　中心部から西へ
「血債の塔」からマリーナ・ベイ・サンズを左手（南側）に見てマーライ

▲イギリス戦艦の追悼板（セント・アンドリュース教会）

▲クリケットクラブ

79

❶シティ・中心部

オンへ向かうと、エリザベス・ウォーク（公園）となる。公園内には英連邦軍の戦死者を追悼するセノタフ"Cenotaph"（1922年建立）がある。第1次大戦時にシンガポールから欧州戦線へ行き、命を落としたイギリス人124人を追悼したもので、1951年には反対側に第2次大戦での犠牲者が追加されている。そして何カ所かに弾痕とおぼしき跡が残っている。

その近くにはインド国民軍（Indian National Army）に関する記念碑がある。これはシンガポール政府が終戦50年を機に島内11カ所に建てた記念碑の1つだ。インド国民軍は、日本軍がインドまで戦局を拡げようとする際に、イギリスの植民地支配に苦しむインドの人々が独立するチャンスとしてスバス・チャンドラ・ボースをリーダーとして支援した側面がある。1945年の失敗したインパール作戦で死んだインド国民軍の「無名戦士」の碑がこの地に建てられたが、その場所にシンガポール政府が新たに記念碑を建てた。

海岸沿いにマーライオンに向かうと、右手に小さなモニュメントがみえてくる。これはリム・ボーセン（林謀盛）の顕彰碑（1954年建立）だ。福建省出身の林（1906年生）は、16歳でシンガポールに来て父の仕事を引き継いで実業家となり、中華総商会でも要職を担っていた。シンガポールが陥落すると重慶政府（中華民国）に向かった。そこで中佐に任命され、セイロン島で抗日部隊「136部隊」を組織して訓練を受け、マレー半島に上陸し活動を始めた。しかし、活動を密告されて1944年3月イポーで日本軍に捕えられて拷問を受け、6月に35歳で獄死した（イポーには林謀盛通りがある）。戦後の1946年に「抗日英雄」の1人として盛大な葬儀が行われた。彼の墓もシンガポールにある（マックリッチ貯水池の畔）。

エリザベス・ウォークからシンガポール川の対岸に目をやると、マーライオンとフラトン・ホテルがある。このホテルの建物はもと中央郵便局だったが、占領下では日本の軍政監部に使用されていた。

チャイナタウンへはシティ・ホール駅からMRTを利用する観光客が多いが、乗り換えの手間もあり、ここまで来れば徒歩で行くほうが興味深い歴史的な場所をたどることができる。

シンガポール川沿いをそのまま歩いて行くと、アジア史に残る人物の説明板が立っている。フィリピンのホセ・リサール、インドのネルー、ベトナム

▲イギリス軍建立のセノタフ

▲林謀盛の碑

▲シンガポール川沿いのホーチミンの像

のホー・チ・ミン、そして中国の鄧小平という人選だ。荷揚げ労働者（「苦力」＝クーリー）のモニュメントもある。このあたりがラッフルズの上陸地点で、ラッフルズ像があり、また戦時中は病院、戦後は戦犯裁判が行われたビクトリア・メモリアル・ホールが建つ。対岸にはかつてのショップハウスを改装しておしゃれな飲食街になっているボート・キーが見えてくる。さらに川沿いを歩けばシンガポール議会、情報通信省の建物を経てチャイナタウンに到着する。カラフルに彩られている情報通信省の建物（1934年築）は、戦時中憲兵隊が使用し拷問を行っていた。

近年、チャイナタウンも再開発されて、それまでの街並みや店の前面を生かしながらも新しい街になっている。一方で高層住宅には"アジア干し"と呼ばれる洗濯物がはためいていたり、ヒンドゥー寺院やモスクがあったりと、アジアの多様性を感じることができる

エリアである。

東南アジアにはつきものの屋台風景もシンガポールでは少し違っている。衛生上の理由からシンガポールでは路上の屋台は禁止され、そのかわり公園内や雑居ビルの一角がフードコートになっていて、ホッカー（hawker）と呼ばれている。東南アジアでは朝食を家庭でとることはあまりなく、ホッカーのお世話になる人が多い。チャイナタウンではリッチな食事をする人も多いが、こうしたホッカーで地元人感覚の食事をするのも一興である。

この街の一角には、華人虐殺事件（「大検証」）についてのシンガポール政府のモニュメントがある。「大検証」はシンガポール中心部の数カ所で行われたが、このモニュメントの近くでは、サゴ街がそのうちの1つだった。

チャイナタウンを抜けて話題の50階建て高層団地、ピナクル@ダクストン（タンジョン・パガー駅からも行ける）を左手に見ながら通り過ぎると、晋江会館（Chin Kang Huay Kuan，ブキ・パソ通り）がある。シンガポール華僑抗敵動員総会の総務部があった建物だが、日本軍占領中は慰安所として使われた。

その先、オートラム・パーク駅にジェネラル・ホスピタルがある。病院博物館には戦時中の様子の展示があり、その前には、陥落前日の2月14日、構内で日本軍に殺害された兵士や市民を追悼する十字架が建つ。また日本軍

3章 エリアガイド ❶ シティ・中心部

▲カラフルな情報通信省

▲国立博物館の銀輪部隊のモニュメント

▲慰安所に使われた晋江会館（中央の高い建物）

81

❶シティ・中心部

防疫給水部隊の細菌戦準備本部だった保健福祉省の建物がある。建物内には、虐殺犠牲者の追悼プレートがあるがセキュリティが厳しく、建物前の説明板の写真を参考にするといいだろう。

さらにチン・スィ・ロードを渡ると、もっとも古い公共団地であるティオン・バル団地がある。モダンな美しい曲線のデザインが印象的な団地群の中心にはモー・ガン・テラスがある。1939年、この地下に1600人収容の防空壕が建設され、現在は不定期に公開されている。中庭1階部分は常設の説明板も用意されている。ここからMRTのティオン・バル駅は近い。

またジェネラル・ホスピタルの南、約500mの場所には2011年に廃線となったマレー鉄道の駅舎が残っている。外壁に商業、農業、運輸、工業を示す4体の彫像が並ぶ。歴史ある駅舎はいずれ再利用されるだろう。

そこから1km先はもうハーバー・フロント、セントーサ島の入口である。VIVOシティのスターバックスから海側に出ると、1943年9月オーストラリア軍が中核の部隊に港湾を攻撃した「OPERATION JAYWICK」の説明板がある。

■Area C　中心部から北へ

シティ・ホール駅からショッピングで有名なオーチャード・ロードへ向けて、北西にふくらみながら歩くと、数々の歴史的な建物がある。今は修道院機能を他へ移したチャイムス（CHIJMES）には日本食レストランが多いが、説明板には建物が2月15日空襲でステンドグラスなどを破壊されたことが記されている。

かつてのアルメニア人コミュニティーを象徴するのがアルメニア教会（1835年築）で、日本軍が防空壕として使用していた。ラッフルズ・ホテルや『ストレーツ・タイムズ』の創設者がアルメニア人だということはあまり知られていない。プラナカン博物館や切手博物館（Philatelic Museum）を過ぎると、左手の丘には、フォート・カニング・パークがある。地下壕を利用した司令部跡はパーシバルも指揮をとった所で「バトル・ボックス／The Battle Box」という展示施設になっている。ふもとの国立博物館（1887年築）は、戦時中は昭南博物館として使われた歴史がある。2006年のリニューアルで日本統治下の展示はやや縮小されたが、銀輪部隊のオブジェは印象的である。東南アジアの考古学コレクションの充実はめざましい。その隣の長老派教会（1878年築）は日本人の「supply base」になったと説明板に記されている。横断歩道を渡ると憲兵隊本部だったYMCAビル（建て替え）、そしてブラス・バサー・ロードをはさんで、日本軍の宣伝工作部本部だったキャセイ・ビル（建て替

▲地下防空壕のあるモー・ガン・テラス

▲フォート・カニング・パーク

え）が続いており、それぞれに、戦後50年に政府が建立した記念碑がある。

その先オーチャード・ロードの中ほどに大統領官邸がある。東京ドーム8個分の広さで、戦時中は南方軍総司令官・寺内寿一などが住んでいた。侵略解放のシンボルとして旧日本軍の大砲が今もあり、年数回公開されている。

■Area D　中心部から東へ

シティ・ホール駅から東の方角のブギス駅（East-West線）近くにアラブ人街があり、その先にはリトル・インディア（North-East線）がある。いずれも徒歩で行くこともできる。

シティ・ホール駅から歩きはじめると、まずラッフルズ・ホテルの裏手のさらにノース・ブリッジ通りにはブラス・バサーの書店ビル、デザインに力を注いだ国立図書館がそびえ立つ。その隣に展開するブギス・ジャンクションはかつての日本人街で、特に「からゆきさん」がいた娼館が多かった場所だ。1990年代前半に日本の西武系が再開発をしたこの場所は、『サンダカン八番娼館』に登場するマラバー通りやマレー通りがあり、東南アジアでは初の冷房つきショッピング・ストリートである。

さらにノース・ブリッジ通りを行くと、アラブ人街のモスク、そして、「大検証」で多くの人が集められたカンダハル通りにたどり着く。

そこから5分も歩けばマレー半島への高速バスがひっきりなしに発着するラベンダー駅があり、小さめ目な宿が建ち並んでいる。

1年中暑いシンガポールでは歩き過ぎに気をつけねばならないが、歩いたからこそ、占領当時の様子を想像してみることができるのも確かである。体調に気を配りながらじっくり歩いてみてはどうだろう。　　　　（SU）

▲日本人街が再現されているブギス・ジャンクション

▲前面が復元されているキャセイ・ビル

▲2000～01年の国立博物館特別展のオブジェ

❶ シティ・中心部

2 Botanic Gardens（植物園）と「初代ゴムの樹」記念碑

　シンガポールの中心部シティを貫くオーチャード通りの西端からさらに500m程の西に、国立ボタニック・ガーデン（植物園）がある。52haの広大な敷地で、1度には回りきれない。草もよく刈り込まれているので、走り回る幼児と楽しく遊ぶ家族の姿が終日見られる（朝5時～24時、入場無料）。それに最近の健康ブームに乗って、ジョギングをする人も多い。

　人口増加とともに住宅の高層化が進められている。のびのびと土に触れ、植物の香りや様々な虫の音などが聞こえる数少ない手近な場所としての価値が、高まっているように見える。

　そのことを最も端的に示しているのが、日曜日の園内の光景だ。家族連れに加えて、明らかに周辺諸国からの出稼ぎの人たちと思われるグループの声が賑やかに飛び交う。シンガポーリアンの家庭のアマさん（お手伝いさん）たちが、休暇の日曜日に食べ物を持ち寄り、気兼ねなく大声でしゃべり、家族からの手紙や写真を見せ合い、時には皆でゲームをして楽しんでいる。入場無料で解放的な場所だ。唯一の難点は、スコール対策の施設が何もないことだ。前兆の黒雲と強風が迫ってくる

と、いち早く荷物を抱えて、大木の下などに駆け込み、雨が止むのを待つしかない。その間も、彼女らのおしゃべりが途切れることはない。

　この植物園の歴史は古い。イギリスは1600年代の東インド会社による植民地獲得の時期から、各地域に研究者などを派遣して博物館や植物園の整備を進めてきた。その蓄積が現在も、薬品開発をはじめとしたさまざまな分野での同国の底力の源となっている。

　現在の植物園の開園は1959年とされている。第2次世界大戦中は33haだったという記録があり、戦後に北側の部分などが拡張されている。園内には有料の国立蘭園があって、国外からの観光客も引きつけている。

　そうした表向きの役割とは別に、マレー半島やサバ、サラワク、さらにはオランダ領時代のインドネシア各地の植物の採種や栽培など、植民地時代からの研究が、継続して進められていた。それだけに、1945年2月に日本軍に占領された際、それらの研究資料の散逸が危惧された。だが、大半の資料と標本は略奪や散逸から免れ、保存されたという。日本とイギリスの学者が協力して行動した結果だった。

　その具体的な様子は、イギリス側の当事者だったE・J・H・コーナーの『思い出の昭南博物館』（中公新書　1982年）に詳しい。終戦直後にはイギリスの『タイムズ』さえも「日本人がシンガポールで人類の文化に貢献したなどとは、とても信じられない」として、同氏の体験記の掲載を拒否したという。イギリス国内で体験記が公刊された後、日本国内向けに書かれた回想記を、どう読むか。同書は古典の域にあるように思える。

　なお、同書では触れていないが、植物園のコーナー博士の宿舎の軒下で起居して警護していたのが永瀬隆氏だった。後に永瀬氏は、泰緬鉄道建設現場で憲兵隊通訳として捕虜やアジア人労務者の強制労働に関与することになる。戦後、その行為の責任を自覚し、償うための行動を終生続けたことで知られている。コーナー博士との関わりは、占領直後にしばらく配属されていたシンガポールでの体験の1コマだったと、その建物を再訪した際に、永瀬氏が語っている。

　植物園がイギリスの植民地支配と深い関係にあったことを端的に示すものは、敷地の奥にある池のほとりに建つ「初代ゴムの樹」記念碑だ。

　現在では、天然ゴムの主要な産地はマレー半島を中心に東南アジアが占めている。ただし、その栽培ゴムの学名「ヘベア・ブラジリエンシス」が示すように、イギリスが原産地ブラジルから苗をここに持ち込んだことが発端だった。なぜそれが、東南アジアを主産地とすることになったのか？

　話はコロンブスの第1回航海にまでさかのぼり、イギリスが「世界の工場」の地位を獲得した歴史と深く結びついている。この詳細については、本書の姉妹編『旅行ガイドにないアジアを歩く　マレーシア』の「なぜ多民族国家になったか？」に記した。（TA）

▲池のほとりに建つ「初代ゴムの樹」記念碑

3章　エリアガイド　❶シティ・中心部

85

❶ シティ・中心部

3 軍政下の「昭南時代」─日本語が必修⁈

▲アレクサンドラ病院

▲病院の庭に設置された記念碑

　1942年2月14日、日本軍の第18師団はアレクサンドラ陸軍病院に突入した。非武装の医師、看護師、職員、傷病兵などを小銃と銃剣で襲撃し、翌日までに約200人を殺害した。命拾いした関係者が惨劇を証言し、その凄惨ぶりが世に知られるようになった。16日に、牟田口廉也師団長が病院に出向き、謝罪をしたものの日本軍への恐怖心と怒りは一気に高まった。病院の庭の入口に、犠牲になった職員たちと応戦した兵士らの記念碑がある。

治安維持

　日本軍が、2月15日に陥落させたシンガポールを昭南島と改名したのは、2月17日であった。この名称は、早くから準備され、天皇の承諾も得ていた。昭南とは、輝く光とか昭和の南の島という意味だ。昭南駅、昭南市電、昭南郵便管理局、昭南医科大学など改名が行われた。時刻も、東京時間にあわせて2時間早められ、住民の生活は大きく変わった。

　日本軍は軍政を確立するまでの混乱を収めるため、命令違反者は処刑するという厳しい警告を出した。実際、命令に従わず射殺された者のさらし首がアンダーソン橋、カラン橋などに置かれ、住民を一層震えあがらせた。

　住民はターミナル駅や街角に立つ日本兵を避けたがった。日本式最敬礼をしなければ、ビンタやげんこつで殴られたりしたからだ。また所持品を問われたり、取り上げられたりもした。住民には日本軍が発行した身分証明書や通行許可証、労務手帳などさまざまな許可書の使用が義務づけられていた。

　占領初期の日本軍は、各家庭を調査し、居住者として軍が正式に認めた家族全員を登録し「安居証」（安定居住証明書）を発行した。やがて、警察制度を整え、全世帯の国勢調査書の写しが警察署に保管されるようになった。

昭南特別市の初代市長には、内務官僚の大達茂雄が任命された。警察協助制度が実施され、市を7区に分け、3000戸ごとに大組長、300戸ごとに中組長、30戸ごとに小組長が任命された。地域の実力者の大商人や顔役が、これらの職に選ばれ、警察の手助けをした。住民は、相互に監視しあう「隣組」式組織に組み込まれた。

住民が最も恐れたのは、憲兵隊であった。憲兵隊は住民からスパイを募って、懸賞金などで情報を提供させる秘密警察でもあった。スタンフォードロードにあったYMCAビルに憲兵隊東支部が置かれていた。取り調べ中の拷問は過酷で、悲痛な呻きや叫び声が、国立博物館に勤務する人にまで聞こえていたという。

皇民化政策

小学校では、英語の代わりに日本語が必修になり、毎日国旗（日の丸）を掲揚し、皇居のある東京の方角に敬礼をした。「君が代」とともに「愛国行進曲」などを歌ってから授業が始まった。祝祭日で最も重要視されたのは、天長節（天皇誕生日）だった。この日はマクリッチ貯水池につくられた昭南神社に参拝させられた。

ラジオは『ラジオ昭南』だけしか聞けないようにダイヤルに封印がされていて、異なるダイヤルのものを聞くことは禁じられていた。新聞は『THE SYONAN TIMES』（英字紙）と『昭南日報』（中国語紙）などがあった。いずれも、年号は昭和のみが使用された。日本軍の検閲を受けていた紙面の大部分は日本軍の戦況や演説などだった。これらの新聞は、住民の生活には役立たず、ほとんど読まれていなかった。

フォード工場博物館に展示されている出生届には15th .April,2604 と記されている。2604とは、皇紀2604年のことで、実在しなかった神武天皇即位を元年とした神話上の暦だ。1944年に誕生した現地の子どもまで、皇民（天皇の民）として登録させていたのだ。

初代首相になったリー・クアンユーは、『回想録』で当時の日本人について次のように語っている。「日本の占領の3年半、私は日本兵が人々を苦しめたり、殴ったりするたびに、シンガポールがイギリスの保護下にあればよかったと思ったものである。同じアジア人として我々は日本人に幻滅した」「日本人は天照大神の子孫で、選ばれた民族であり、遅れた中国人やインド人マレー人と自分は違うと考えていたのである。」　　　　　　　　　(MI)

3章 エリアガイド ❶ シティ・中心部

▲アンダーソン橋

コラム

にせの処刑報告書で華僑を釈放した部隊

◀越智春海著『マレー戦記』の表紙

　日本軍によるシンガポールでの敵性華僑狩りは、2月28日からの郊外地区での場合、「成果」はわずかだったという。

　その中で、第5師団歩兵第41連隊第3大隊は、「敵性華僑」11人を引き渡されたのを「処刑した」と報告していた。この報告書を戦後に連合国軍が入手した。大隊長の市川正少佐は復員していた広島県内からシンガポールに移送され、戦犯容疑の取り調べを受けた。だが、最終的には「容疑の事実はない」として釈放され、家族のもとに戻された。なぜなのか？

　実は、11人を「処刑した」というのは虚偽だった。処刑したことにして、内密に釈放していた。そのことを市川氏が主張したために、イギリス軍が関係者は名乗り出るようにと、島内に呼びかけた。その結果、11人のうち数人が名乗り出て、市川氏の言い分が事実であると確認されたのだった。

　結果的には妥当な対応を、市川部隊は実行していたことになる。だが、命令に忠実なはずの当時の日本軍の中で、なぜそのようにできたのか？

　上記の経過を明らかにしていたのが、市川大隊の機関銃中隊指揮官だった越智春海氏による『マレー戦記』（図書出版社、1973年）だった。そこで越智氏に会い、この疑問をぶつけてみた。

　引き渡された11人の様子を見た市川隊長は、「どう見ても普通の住民だ。このような弾圧をしていては、今後の資源生産に住民の協力が得られなくなる。何とかできないか」と副官たちに相談した。同意見の副官たちの中から「虚偽の報告で処刑したことにして、内密に逃がしましょう」との提案があ

り、それを実行したということだった。

では、なぜそうした命令に反する発想がここで優越したのか？　越智氏の回答は「武士道さ」であった。「それでは戦後世代には理解を得にくい。こちらの仮説としては、当時の将校たちが英語教育を受けた過程で無意識のうちに西欧流の価値観を吸収していたのがここで機能したのでは、と想定しているが、どうか？」と尋ねたところ、同氏は「思い当たることがある」と話し出した。

「市川隊長と我々副官クラスとは、広島の同じ旧制中学に在籍し、揃って文学青年だった。欧米文学を読み漁り、それだけでは飽き足らず自分たちで創作をして同人雑誌を発行していた。その内容が戦時下にふさわしくない、と警察に呼ばれて厳しく叱られたこともある。気心の知れた者たちが市川隊長の周りに揃っていたので、隊長も本心を語ったのだと思う」と、話は続いた。

海外文学を通じて読み取っていた欧米文化の価値基準への共鳴が、結果的に罪のない住民の命を救った。さらに、日本軍指揮官たちも戦犯責任を問われずにすむ事態をもたらした。

この事実経過と仮説の妥当性を再確認するために、当時（1990年頃）は存命だった市川氏にも接触を試みた。ご家族から、「高齢で伏していて、家族との会話のみが可能です。用件を手紙で寄越してもらえれば体調の良い時に、伝えることは可能です」との連絡を得た。質問を文書にまとめて送った。数カ月後、ご子息から詳細な返事が届いた。「事実経過はその通りです。仮説についても、そのように想定されて良いと思います」ということだった。

近代以後の戦争は総力戦で、軍事費などの経済力と兵器部門の技術力に加え、国民を一致団結させる思想統制が不可欠とされている。これらの条件が

欠けた時には、大国アメリカでさえ敗退することを実証したのがベトナム戦争だった。膨大な軍事費負担によるドル危機と反戦運動の盛り上がりによって、アメリカ軍は撤退に追い込まれた。

多様な文化、価値観が人々に定着しているならば、敵愾心を煽る動きに対して「そうだろうか」「待てよ」というような疑問が生まれる。別の価値観から見直して、もう一つの行動を採る動きが多発すれば、軍国主義化の企みは挫折する。

軍国主義化に抵抗するのに、「平和」をいつも掲げる必要はない。欧米やアジアを含む世界には、多様な文化と生活を支える価値観がある。相互の信頼感を、日常の交流を通じて広く修得しておくことが、平和を守ることに通じる。学校での言語関連教科、芸術関係教科などや社会の文化活動の平和的な意味が、ここにある。市川部隊の行動が、そのことを教えてくれている。

場面は変わるが、沖縄戦でも外国文化を知る人の存在によって、多数の住民が死を免れた事例がある。

1945年4月2日、アメリカ軍の沖縄本島上陸地点に近い読谷村のシムク・ガマ（自然洞窟）には、約1000人の住民が隠れていた。ガマの入り口にアメリカ兵が迫ると、竹やりを構えた男数人が飛び出そうとした。それをハワイ移民から戻った兄弟が押しとどめ、「アメリカ兵は兵隊でなければ殺さない。ここは住民だけだと説明する」と言って、入り口に向かった。アメリカ兵は話に応じ、住民1000人は本島上陸戦2日目から、収容所での保護下に置かれた。数百m離れたチビチリ・ガマでは、中国戦線から復員した男性の主導で「集団自決（強制集団死）」が強行された。

多様な価値観を知っているかどうかで、人の生死が分かれたのだった。　（TA）

3章　エリアガイド ❶ シティ・中心部

コラム

命運を分けた出会い
―― パーシバル将軍と越智春海大尉

▲パーシバル将軍

▲越智春海中尉『マレー戦記』から複写

ビンタは恥辱

　多様な価値観を知っているかどうかで人の運命が左右されることがある。それが戦場であれば劇的でさえある。シンガポールで、「敵性華僑」を処刑したとの偽（いつわり）の報告書の提出後に釈放した第5師団歩兵第41連隊第3大隊では、その後もさまざまなドラマが生まれていた。その1つが、越智春海大尉（終戦時）とイギリス軍パーシバル将軍との逆転劇だ。

　シンガポールを占領した日本軍は、降伏したイギリス軍兵士を島内数か所に分散させて抑留していた。もっとも多くの兵士を収容していたチャンギ刑務所とチャンギ・キャンプにはパーシバル将軍とその幕僚たちも収容された。

　日本軍は、捕虜の兵士たちに市内の戦闘の後始末や清掃の作業をさせ、労働力を補うと同時に支配者の交代を市民に印象付けようとした。しかしイギリス兵が軒並み体調不良などを申したて、毎日の必要な人数が揃わなかった。さらに収容所では、捕虜としての権利の主張が繰り返され、英語が分からず国際法を知らない日本兵は、「生意気を言うな！」とビンタを続けていた。日本兵は、人前で顔を叩かれることは、死に等しい恥辱とされている欧米文化を知らず、日本軍内では当たり前のことを、実行していたのだった。

　チャンギ地区収容所内の不穏な状況が日本軍の警備司令部にも伝わった。当時、東部地区倉庫の管理担当だった越智春海中尉に「状況を見て必要な措置をするように」との指示が出された。

パン食にひげそり

　越智中尉が最初に目撃したのはパーシバル将軍たちが、ヤシの中身のコプラを削って食べている姿だった。食事の量が足りていないのでは、体調不良も当然と思われた。しかし担当の日本兵は「必要量を与えている」と言う。やがて、初めての英語での対話によって、謎は解けた。

　イギリス兵たちには米は消化しにくく、お粥にして食べていたため、極端に体力が低下していた。越智中尉は、

イギリス軍倉庫に山をなしていた小麦粉を収容所に移し、パン食に切り替えさせた。

捕虜が作業に出るのを嫌った理由は、破れたままの衣服と替え刃のないカミソリでひげそりができないことだった。これらも、人前に出る時の彼らの最低条件だったが、日本兵には想定外のことだった。そこで、衣服もひげそりの替え刃類も倉庫から運び込まれ、作業に出るイギリス兵の必要数は満たされた。作業に出れば街の空気が吸え、食事も増量された。不満は大幅に減少した。

やがて越智中尉は着任した収容所長と交替し、部隊と共にインドネシアに移動した。敗戦直前に部隊は再度シンガポールに戻され、そこで敗戦になり、今度は越智中尉が捕虜となった。

イギリス軍は捕虜虐待を中心にBC級戦犯容疑者を追及した。一時期のチャンギ地区収容所の所長代理だった越智中尉もリストに含まれていた。日本軍はあらかじめ偽の軍籍簿を作成し、同中尉も偽名を登録していた。ことはうまく進み、個別尋問でも、見破られなかった。

しかしジョホール州の収容所で帰国を待つ間に、偽名が露見した。そこでは、日本軍の捕虜収容所で戦友を亡くしたイギリス軍将校が、日本兵を過酷に扱っていた。越智中尉に「国際法違反！」と強く抗議されて面目を失った将校が再調査し、偽名を見抜いたのだ。だが、越智中尉はそのままにされた。ある日突然、イギリス軍司令部から呼び出された。そしてパーシバル将軍の車でチャンギ地区に行き、将軍と2人だけになった。

「5分間だけ、越智に戻って欲しい」「5分間だけ？」「そうしないと以前に尋問した者が責任を問われる」「なるほど。ところで、あの時のコプラの味はどうでしたか？」「君、あれで結構おつなものだよ」「そうですか」「戦犯リストは取り消せない。このまま名前を戻さずに帰国するように」。2人はそのまま別れ、その後、2度と会うことはなかった。

それから18年後の1963年夏、この越智氏の体験が日本国内で明らかにされた。週刊誌『週刊大衆』（双葉社）の9月5日号の特集「十八年目に明らかにされた戦争秘録」の記事だった。

同記事が契機となって、イギリス国内ではパーシバル将軍にメディアが事実関係を問い合わせたものの、明確な回答は得られなかった、とされている。

越智春海氏とその周辺の日本兵たちは、厳しい捕虜生活をも生き抜き、無事に復員することができた。何がそうしたことを可能にしたのか？

日本軍の歪んだ論理だけでなく、欧米など世界の論理、価値観にも通じていたこと。それが結果的には敵味方双方に戦闘以外での無用な対立や殺し合いを回避させ、復讐の念を和らげる効果を生むことを示している。　　　（TA）

▲『週刊大衆』1963年9月5日号の記事から

身近にある書店と国立図書館

▲ブラスバサー・コンプレックスは多くの中国語の書籍を揃えている

ブラスバサー・コンプレックス

　街の書店で見かける本や雑誌は英語で書かれたものが圧倒的に多い。人口の75％を占める中国人も若い世代は中国語が苦手で、中国語文献を数多く揃えた書店は減る傾向にある。そうした中でラッフルズ・ホテルの北側にあるブラスバサー・コンプレックス（Bras Basah Complex、中国語名：百勝楼）は、中国語文献を豊富に揃えた書店としてよく知られている。

　このビルは俗に「書店ビル」と呼ばれ、5階までの各階に書店があり、店ごとに各地の中国語文献が見られる。また同ビルには、国内に店舗を多数展開している大手の書店POPULAR（中国語名：大衆書局）があり、2階から5階までを占めている。ここでは英語および中国語の文献、教科書や副教材も備えていて、新学年が始まる1月直前には、親子で教科書を買う風景が見られる。また、そうした客層を意識してか、同ビル内の古書店では「教科書類の古書（ただし現行版）の在庫あります」との表示を出して、売り込みをかけていることもある。

　ちなみにこのビルの6階以上は、住宅開発公社（Housing and Development Board）が建設した高層住宅になっている。最上階に上がると、通路からラッフルズ・ホテルや「血債の塔」、さらには南の海を埋め尽くしている入港待ちの船舶の様子などを眺められる。また、最近ではあまり見られなくなった、外壁に竿を突き刺した形の物干しの様子をみることができる。

紀伊国屋書店

　もう1つの大規模書店は、紀伊国屋書店だ。シンガポール人に「本を探し

ているのだが、どこに行けばいいか」と聞くと、ほとんどの人が「キノクニヤ」と答えるほどだ。本店は繁華街のオーチャード通り（Orchard Road）にある髙島屋ショッピングセンターの4階にあり、2007年まで東南アジア最大の床面積を誇った。

同書店は英語の書籍が圧倒的に多いが、中国語や日本語の雑誌・書籍も少なくない。日本語の書籍は日本の価格の1.5倍程度だが、日本ではめったに見かけないシンガポールに関する書籍も置いている。インターネットで事前に在庫を確認したり、書籍を購入することもできる。また、在住日本人向けの無料情報誌も同書店やリャン・コート・ショッピング・センター（Liang Court Shopping Centre）の地階にある明治屋で入手できる。

国立図書館

ブラスバサー・コンプレクスの北隣にある国立図書館（National Library）は16階建てで、中央公共図書館（Central Public Library）とリー・コンチエン文献図書館（Lee Kong Chian Reference Library）という2つの図書館が入っている。中央公共図書館は地下1階にあり、閲覧は誰でも可能だ。英語、中国語、マレー語、タミール語の書籍の他に『朝日新聞』や『日本経済新聞』といった日本語の新聞もあり、その場でコピーすることもできる。

一方、建物の7階から13階までを占めるのはリー・コンチエン文献図書館だ。やはり英語の書籍が多いが、中国語、マレー語、タミール語の書籍も豊富に揃っている。12～13階以外は手続きなしで閲覧することができるが、バッグの持ち込みは禁止で各階の入口で荷物を無料のロッカーに預けなければならない。パソコンや筆記用具は持ち込める。

ところで、『ストレイツ・タイムズ』(Straits Times)、『聯合早報』といった主要なシンガポール紙はデジタル化されており、NewspaperSGというウェブサイトで閲覧できる。ただし、最近の記事を閲覧したり、記事をダウンロードすることはできない。ところが、同図書館に行って手続きをすれば、デジタル化された最近の記事にアクセスでき、記事をコピーすることもできる。

また、図書館にはいくつか空中庭園があり、そのうち2つ（5階のCourtyardおよび10階のRetreat）は一般にも開放されている。また、3基のエレベーターはガラス張りで、天気が良ければそこから素晴らしい見晴らしを楽しむことができる。　　（TA/WA）

▲オーチャード通りにある髙島屋ビル内の紀伊國屋書店

▲国立図書館は誰でも閲覧可能

93

❶シティ・中心部

4 晩晴園──南国の孫文紀念館

▲晩晴園（孫中山南洋紀念館）

　孫文は欧米や中国では孫文と呼ばれていないことにお気づきだろうか❷ 欧米ではSun Yatsen（孫逸仙）、中国では孫中山（Sun Zhongshan）と呼ばれている。中山の由来は、日本に亡命していた際の孫文の別名が中山樵（なかやまきこり）だったからという。

　孫文は、清朝打倒を目指して1905年に東京で中国同盟会を創設し、シンガポールに支部を作った。その支部が置かれたのが晩晴園だ。

晩晴園と辛亥革命

　晩晴園は1902年に建設され、もともとの名は明珍廬といった。05年に、テオ・チーヘン（張志賢・Teo Chee Hean）シンガポール副首相（2015年現在）の曽祖父の兄、テオ・エンホック（張永福・Teo Eng Hock）が、母への贈り物として明珍廬を購入し、母の晩年が晴れやかになるようにと願って晩晴園と改名した。同年および翌年に孫文はシンガポールを訪れ、晩晴園で地元の有力者と会合をもち、中国同盟会シンガポール支部を結成した。08年、晩晴園は東南アジアの革命運動の本部となり、ここを拠点に募金活動が展開され、3つの蜂起（黄岡蜂起、鎮南関蜂起、雲南河口蜂起）が計画された。辛亥革命を主導し、中華民国で重責を担った孫文、胡漢民、汪兆銘らがシンガポールを訪れた際には晩晴園に集い、革命の進め方について語り合った。また、現在は台湾の国旗として使われている中華民国の青天白日旗は、孫文が晩晴園に滞在した際にそのデザインを思いついたという。

　その後、張永福は晩晴園を手放したのだが、37年にリー・コンチアン（李光前・Lee Kong Chian）ら6人の華僑が共同で晩晴園を購入し、翌年、中国政府に寄贈した。同政府は晩晴園を改修し、40年に孫文と辛亥革命に関する資料館として一般に公開した。

晩晴園と日本占領

42年、日本軍がシンガポールを占領し、晩晴園は日本軍の通信基地となった。ここには孫文や辛亥革命に関する資料が多数保存されていたが、日本軍は敗戦前にすべて処分した。

戦後、晩晴園は国民党シンガポール支部となるが、49年にイギリスが中華人民共和国と国交を結んだのを機に、同国の植民地シンガポールに国民党支部を置くことを禁止し、また晩晴園の所有権を国民党からシンガポール中華総商会に移した。総商会は64年に晩晴園の改修工事を行い、孫文関係の資料を展示する孫逸仙故居（Sun Yatsen Villa）として一般に公開した。

85年、シンガポール初の日本占領期に関する展示会が政府部門主催で行われ、大きな反響を呼んだ。その展示に感銘を受けたタン・キョンチョン（陳共存）総商会主席が、展示パネルを総商会に購入させ、86年から晩晴園に展示した。パネルは40枚に及び、160点の写真と104点の歴史的資料が並べられ、その隣には、60年代にシンガポール各地で見つかった粛清（スクチン）犠牲者の遺品が置かれた（詳細は、高嶋伸欣『旅しよう東南アジアへ』参照）。遺品の一部はシンガポールにおける日本軍華僑虐殺の動かぬ物証として日本の市民団体に貸し出され、立命館大学国際平和ミュージアムなどで展示された。その後、晩晴園にあった遺品は国立博物館（National Museum）に移され、その一部は展示され、残りはジュロン地区の倉庫に保存されている。

辛亥革命100周年

2001年、晩晴園は孫中山南洋紀念館（Sun Yatsen Nanyang Memorial Hall）という現在の名称に変更された。2009年、総商会は晩晴園の管理を国家文物局（National Heritage Board）に移管した。同局は晩晴園の全面改修を行い、辛亥革命100周年の11年にリニューアル・オープンした。同館には、シンガポールと東南アジアの視点から見た孫文と辛亥革命の歴史が展示されている。

また、辛亥革命100周年を機に晩晴園の向かいのスペースに中山公園（Zhongshan Park）を整備し、孫文や辛亥革命に関する歴史を記載した石碑を建てた。さらに、公園の一角には中山広場（Zhongshan Hall）という名のショッピングセンターと2つのホテルが建設された。孫文（孫中山）の名を前面に出し、経済成長が著しい中国から観光客を呼び込み、ビジネスに結びつけようとしているようだ。
（WA）

▲中山公園

コラム

歴史に翻弄された悲劇の英雄「南僑機工」

▲晩晴園に設置された南僑機工の彫像

▲彫像の除幕式

　シンガポール市街の一角に晩晴園と呼ばれる孫文記念館（94頁）があり、そこに南僑機工を記念する彫像があるのをご存知だろうか❓　南僑機工とは、日中戦争の際にミャンマーのラシオから中国雲南省を通じて連合国軍の物資を蔣介石の国民軍に輸送した、東南アジア華僑のトラック運転手兼修理工のことだ。1939年、シンガポール華僑の領袖タン・カーキー（陳嘉庚）が中国国民政府の要請を受けて、東南アジア各地の華僑にトラック運転手として中国を支援するよう呼びかけた。アメリカ製大型トラックを駆使した輸送作戦は42年まで続き、その間、約3000人の南僑機工のうち約1000人が犠牲となった。終戦を迎え、約1000人は故郷の東南アジアへ戻り、残りの1000人は中国に留まった。

迫害を受けた南僑機工

　49年、国共内戦に勝利した中国共産党が政権を手にした。これが南僑機工の悲劇の始まりだった。シンガポールやマレーシアに戻った南僑機工は、イギリス植民地政府から共産主義者と疑われ、強い警戒の対象となった。60年に「非常事態」（Emergency）が解除され共産勢力の掃討作戦は終了したが、マレーシア、シンガポール両政府は、南僑機工を「中国に政治的忠誠を誓った非国民」と捉え、その功績を認めず、苦難の歴史を広く国民に伝えてこなかった。その結果、南僑機工が残した足跡は忘れられた。

　一方、中国に残った南僑機工は政治的迫害を受けた。66年から始まった文化大革命では、資本主義社会とつながりを持つブルジョアとみなされ、反革命分子のレッテルを貼られた。また、戦時中、南僑機工は国民政府を支援したことから国民党の残滓と呼ばれ、共産党政府の敵とみなされた。

名誉回復から戦争の英雄へ

　鄧小平が政権に復帰し、78年に改革開放が始まると、文化大革命で迫害を受けた人々の再評価が行われた。それに伴い南僑機工の名誉回復も行われた。86年には、陳嘉庚の甥にあたるタン・キョンチュン（陳共存）シンガポール中華総商会主席が中国を訪問し

た。これが契機となり、89年に政府公認の南僑機工の碑が雲南省昆明に建てられ、その後、次々と南僑機工の記念碑が建てられた。また、同年に起きた天安門事件を契機に愛国主義教育が強化され、南僑機工は愛国者と評価されるようになった。2005年には胡錦濤政権が国民党に関する歴史の再評価を行い、南僑機工は戦争の英雄と位置づけられた。

南僑機工の歴史の掘り起こし

シンガポールやマレーシアで忘れ去られた南僑機工の歴史が再認識されるようになったのは近年にすぎない。シンガポールでは、陳嘉庚の事務所だった怡和軒に先賢館というシンガポールの開拓者の歴史を展示する博物館を作ることとなり、そこに南僑機工の展示をすることになったのが忘れ去られた歴史を掘り起こす契機となった。先賢館の展示を作成した元聯合早報記者ハン・タンジュエン（韓山元）らは、同館が開館した08年から学校や同郷会をまわって南僑機工に関する講演会やDVD上映会を行った。その結果、多くのシンガポール人が南僑機工のことを知るようになった。

12年、シンガポール陥落70周年記念講演会で、主催者のケック・ブンリョン（郭文龍）が南僑機工の記念碑をシンガポールに建てる提案をした。その様子を『聯合早報』が報道し、提案を支持する数多くの投書が舞い込んだ。市民の強い支持を感じてか、その後、ベイ・ヤムケン（馬炎慶）議員が「民間で南僑機工の記念碑を建てる動きがあるが政府はどう対応するのか」と国会で質問し、政府はこの動きに支持を表明した。これを機に4つの中国人団体からなる南僑機工記念碑建立委員会が組織され、約1年後の13年に南僑機工の彫像が完成し、晩晴園で除幕式が行われた。

他にも、11年にはマレーシアのペナンで、13年にはジョホール州クライで南僑機工を追悼する碑や彫像が建てられた。戦後約70年もの間忘れ去られていた南僑機工が近年になって追悼されるようになったのは、中国が豊かになり、シンガポールやマレーシアの南僑機工関係者との人的往来が増え、東南アジアで南僑機工への理解が深まったことが大きい。　　　　（WA）

▲南僑機工が物資を運んだ援蒋ルート

▲南僑機工とトラックの彫像（マレーシア・ペナン）

❶シティ・中心部

5 戦後50年に政府が建てた記念碑 その1

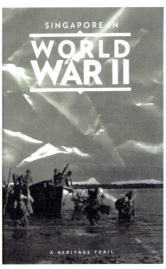

▲文物局発行のパンフレット

《戦場跡》
①サリンブン海岸上陸戦
②クランジ海岸の戦い
③ジュロン＝クランジ防御線戦闘
④ブキ・ティマ攻防戦
⑤パシル・パンジャン攻防戦
⑥ラブラドル砲台

《軍政時代》
⑦「大検証（粛清）」検問場
⑧憲兵隊東支部
⑨日本軍宣伝工作部本部

《記念碑跡》
⑩ブキ・バト慰霊塔
⑪インド国民軍記念碑

　シンガポール政府は、戦後50周年に当たる1995年の記念事業を様々に実施した。その一つが戦場跡や日本軍支配下の出来事にちなむ場所に、記念碑を建立する、というものだった。11か所が選定された。本を見開いた形のデザインが選ばれ、歴史を語り継ぐ意図が示されている。左ページには、マレー半島とシンガポールの地図と英文、右側にはマレー語、中国語、タミール語そして日本語のそれぞれ碑文と近辺の写真などが配置されている。
　11か所は、3つに分類される。

　これらは数年おきに補修され、現在でも説明文を鮮明に読むことができる。なおこの他に、「大検証」による虐殺が実行された地点の内の3か所（チャンギ海岸、ブンゴル海岸、セントーサ島）にも、四角錐台型の記念碑が建立されている（分布図は表見返し参照）。
　以下、これらの碑について、道順やいきさつ、日本語の碑文などを地区別

> ⑧ 憲兵隊東支部
> 　MRTのドービー・ゴート駅からすぐの現YMCAの東側敷地内に碑はある。旧YMCAの建物を接収して置かれた憲兵隊の活動拠点。過酷な取り調べの様子が周囲にも漏れ、人々は恐れて近寄らなかった。日本軍政の恐怖の象徴として語り継がれている。
> 　かつてここにあった旧YMCAビルに憲兵隊東支部が置かれた。憲兵隊による「粛清」行動のなか、抗日活動の嫌疑を受けた大勢の華人が生命を落とした。抗日容疑者たちは取り調べて拷(ママ)問を受け、その悲鳴がビル周辺の静寂を破ることもしばしばであった。

に紹介していくことにする。

中心部・シティ地区の場合、セントーサ島の四角錐を含めると7つの記念碑がある。繁華街のあたりから見て行く。アミかけ部分は日本語碑文の全文。

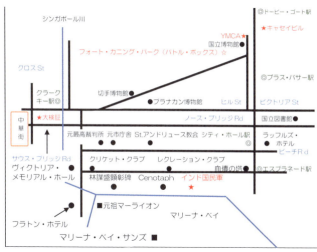

⑨ 日本軍宣伝工作部本部

ドービー・ゴート駅からYMCAとは反対側のキャセイ・ビルの前に碑がある。当時市内では最高層だった旧キャセイ・ビルからイギリス・マラヤ放送協会が、ラジオ放送を流していた。日本軍宣伝部がそのあとを継ぎ、日本語放送をここから発していた。

占領期、日本軍はキャセイ・ビルから軍政のプロパガンダ放送を行った。シンガポール人の多くは、この放送を嫌い、生命の危険をかえりみず、BBC（英国放送協会）のニュースに密かにダイヤルを合わせた。のちにキャセイ・ビルは1945年に日本軍の降伏を受け入れたマウントバッテン将軍の司令部となった。

⑪ インド国民軍記念碑

「血債の塔」下の地下道シティリンク・モールの出口Aから上がったエスプラネード・パークをシンガポール川の河口に向かう途中にある。日本軍はインド独立運動家のチャンドラ・ボースを通じて、在住のインド人や捕虜になったイギリス軍のインド兵によるインド国民軍を組織した。インパール作戦（1944年3〜7月）で使い捨てにされ部隊は壊滅。敗戦直前に日本軍がここに追悼碑を建てた。

インド国民軍（INA）の「無名戦士」に捧げる記念碑が1945年ここに建立された。INAは1942年、英国からインドを解放するため、日本軍の支援を受けてシンガポールに創設された。この記念碑はシンガポールに帰還した英軍によって取り壊された。

⑦「大検証（粛清）」検問場

チャイナタウン駅の出口Fから海側に50m程の交差点角に碑がある。

ここは憲兵隊がいわゆる「華僑抗日分子」の選別をおこなった臨時の検問場の一つである。1942年2月18

❶ シティ・中心部

日、憲兵隊による「大検証」が始まった。18歳から50歳までのすべての華人男性は、取り調べと身元確認のため、これらの臨時検問場に出頭するよう命じられた。幸運な者は顔や腕、あるいは衣類に「検」の文字を押印されたのち解放されたが、不運な人々はシンガポールの辺鄙な場所に連行され処刑された。犠牲者は数万人と推定される。

⑥ ラブラドル砲台

　CC21のラブラドル・パーク駅から海側に向かい右手のラブラドル公園に上がり、尾根一帯の陣地跡の奥に碑がある。

　1878年、英国はケッペル港の西口防備のため、この丘陵にパシルパンジャン砦を築いた。この砦はシンガポールの領海を防衛するため英国が19世紀に築いた海沿いの11の砦の一つである。ラブラドル砲台には102ポンド弾を16キロの射程内に撃ち込める重量37トンの巨砲2門が据えられた。この巨砲はもっぱら海を睨んでいたが、旋回可能であり、迫る日本軍に砲火を浴びせるべく砲口は向きを転じた。

⑤ パシル・パンジャン攻防戦

　EW21・CC22のブオナ・ヴィスタ駅かCC24のケント・リッジ駅で下車し、南行きの#200のバスに乗る。BOUNA VISTA Rdのバス停B07かB09で下車し東側の坂道を上がった丘の上に碑がある。見晴らしは良く、尾根を東に進むとマレー連隊の奮戦を称えるブキ・チャンドゥ回想館（52P参照）がある。

　シンガポール最後の攻防戦のひとつがこの丘で繰り広げられた。1942年2月13日、日本軍第18師団はここを守備する第1マレー連隊、英国第2砲兵連隊、第44インド人旅団を攻撃した。マレー連隊は48時間にわたり陣地を死守した。最後の生き残りとなったマレー連隊C中隊の数人が持ち場を放棄したのは全滅の直前であった。

■リニューアル進む説明板

　近年、新たな6カ所に小型ブック型碑が設置されたが、2015年からそれらを含め、写真と英文の説明板が各地に設置されている。中心部ではバトル・ボックスや、1943年の昭南港襲撃事件説明板横（ハーバー・フロント駅VIVO CITYスターバックス海側）などにある。

コラム

「血債の塔」は日本政府の補償金で建てられた？

◀『日本佔領時期死難人民紀念碑徵信録』の表紙

▶ 毎年2月15日に開催の『追悼式プログラム』2015年2月15日のもの

「血債の塔」は「シンガポール、日本両政府の協力で1967年に建てられた」、「日本政府の補償金の一部で建立された」などの俗説が、今も出回っている。さらに「『血債の塔』と呼ぶべきでない」という声さえある。なぜ地元の中国系の人々が「血債の塔」と呼ぶのかは、66頁に詳しい。

かつて「対日感情も下火に」なったとし、「血債記念碑の移転」を在住日本人が期待しているかのように、日本人特派員が報道した（時事通信社『世界週報』1972年4月4日号）ことがある。そのことがすぐにシンガポールに伝わり、関係者が「移転」を全面否定する騒ぎになった。「血債の塔」に関する日本人の行動には厳しい視線が向けられている（8頁）。不用意な俗説の流布は避けたい。

「建設費の一部には日本の補償金が当てられた」などとの認識についても同様だ。これは明らかに誤りだ。

半分以上を住民の寄付で

1969年3月に発行された公式記録『日本佔領時期死難人民紀念碑徵信録』によれば、1964年11月に建設費総額をS$30万と見積もり、S$15万ずつを中華総商会とシンガポール政府が負担することで、合意したとある。

その後、最終的な建設費総額は増加し、S$48万7,212.46。中華総商会の募金の分が予想を超えてS$28万0,212.46となったので、残りS$20万7,000.00をシンガポール政府が拠出している。

半分以上を住民の寄付が占めたことになる。それを「シンガポール、日本両政府の協力」で建てられた、と言うのはまちがいだ。

さらに政府拠出分が、両国政府の間で締結した「血債問題」の協定（血債協定）による無償援助S$2500万の一部分であるとは言えない。第1に、「血債協定」は67年9月に締結された。同年2月15日の除幕式には、間に合っていない。

第2に、この無償援助（贈与）には「1968年1月実施計画に関し供与期間3年、その対象は両国の合意するプロジェクトに使用される日本の生産物および日本人の役務で、シンガポールの経済発展に寄与するもの」という条件が付与されていた。この条件を、「血債の塔」は満たしていない。同額の有償援助は有利子の貸与であるので「補償金の一部」には該当しない。

今のところ、こうした俗説が地元に広く知られている様子はない。だがこのような地元の人々への配慮のない言動は慎むべきだ。　　　　　　　（TA）

3章 エリアガイド ❶ シティ・中心部

101

コラム

シンガポールは是々非々、日本は?

陸培春(ル・ペイチュン)元シンガポール『聯合早報』東京特派員

◀『朝日新聞』1991年5月5日

魅力ある政治家

シンガポールの元首相リー・クアンユー（李光耀）が2015年3月23日に逝去した。享年92歳。シンガポールどころか、アジア地域ないし全世界は魅力のある政治家をなくした。

前世紀の80年代、つまり約30年前、彼が首相として日本を訪問し、日本記者クラブで記者会見を行ったときのことだ。

「皆さんおタバコをご遠慮ください」と、会見ホールに入ったとたん彼はいった。真っ赤な顔で、表情を厳しくして一発威勢を示したわけだ。威圧感のある政治家だ。喫煙OKだったホールでは急に空気がとても澄むようになり気持ちが良くなったものだ。

国益が第1

「罰金国家」といわれている国なので、「もし開発のため引っ越せといわれてもしない場合はどうするか」という質問が出た。彼はこう答えた。

「最初は相場よりちょっといい値段で補償をしますが、立ち退かないと、新しい法律を作って立ち退かせる。国の発展のために仕方のないことだ」と、国益至上の政治手法を取る鉄腕政治家の顔をみせた。

私が知っているシンガポールの高官で、以前、大使館建設のために東京の六本木あたりの1等地を手に入れて国に大きな貢献をした人がいる。しかし、大使になる前の社長時代の「節税」問題で窮地に追い込まれた。また友人のジャーナリストはとても優秀でリー首

相にみこまれて国会議員になったが、よくバーに通うという噂が飛んで、結局やめさせられた。優秀だからといって、金銭や女性問題が絡むとアウトになるのはリー政治の特徴といえよう。この点では日本とは天地の差がある。

日本占領下、彼はオーチャード通りのキャセイビルにある報道班で、生活のために英語ニュースを編集する仕事を約1年間していた。その後身の危険を感じてリー氏は口実を付けてやめた。その前、つまり陥落直後には、日本兵に検挙され、トラックに載せられ、虐殺されるところだったという。「家に戻って荷物を取ってくる」と、うまく嘘をついて一命をとりとめた体験の持ち主でもある。

日本に学べ

戦後政界に入りすぐ頭角を現し首相になったリー氏は、「日本に学べ」という一大キャンペーンを始めた。「Green and clean」のためだ。清潔で緑にあふれた国を作りたい、だから、先進国の日本の素晴らしい伝統や日本人の知恵を我が国のものにしたいと。

だが、日本人は喜んでばかりはいられない。リー氏は世界一の日本通で、かつ日本批評家ではないかと思う。

それは彼の日本との深い関係によるものだ。3年半にも及んだ日本の軍政について、回想録でこう断罪した。「日本人は我々に対しても征服者として君臨し、英国よりも残忍で常軌を逸し、悪意に満ちていることを示した。日本占領の3年半、私は日本兵が人々を苦しめたり殴ったりするたびに、シンガポールが英国の保護下にあれば良かっ

たと思ったものである。同じアジア人として我々は日本人に幻滅した」

アルコール依存症患者にウイスキー入りボンボン

日米安保と自衛隊の「国際化」について、リー氏は次の名言を残した。今でも当事者にとって耳の痛い忠告となるはずだ。

湾岸戦争時「日本が平和維持活動に軍事的に参加することは、アルコール依存症の患者にウイスキー入りボンボンを与えるようなものだ」（1991年5月2日『インターナショナルヘラルドトリビューン』）

戦後50年に際しては、「日本の戦後生まれの世代が、15年ないし20年後に政権を握ったら、日本は自分で軍事力を強化するだろう」と予測して、その通りになった。

リー氏は自分にたいしても厳しく、意識的に紀律を守る。遠慮なく物を言い、果敢に実行する。そして先の見通しと優れた見識を持つ。その結果、誤魔化しのない政治が行われ、人々の評価と賞賛を得た。

残念ながら、今のところ、「アジアのスポークスマン」と言われるリー氏のように、日本に痛烈にモノを言う政治家は皆無に近い。日本人自身も自民族の良さを忘れてしまい、歴史の誤りを繰り返すばかりだ。安倍政治は明らかに戦前に戻りつつあり、最悪の状態となるのではなかろうか。

安倍晋三首相の急速な右傾化は、良識のある日本人にとって一大試練だといえよう。

❷チャンギ・東部地区

現在
1 チャンギ空港をひかえる住宅地

▲最後のカンポン、ウビン島のメイン・ストリート

　現在の東部地区は、その多くは住宅地であるが、カキ・ブキ（Kaki Bukit）付近やチャンギ（Changi）地区などは工業地帯であり、東端にはチャンギ空港がある。

　また、東部地区には日本占領期と縁の深い場所がある。例えば、ウビン島、チャンギ・ビーチ、チャンギ刑務所・チャンギ・チャペル＆博物館などだ。ここではこうした場所の現在にスポットを当てて紹介したい。

ウビン島：最後のカンポン

　シンガポール東北部に浮かぶウビン島（Pulau Ubin）は、日本軍がシンガポールに侵攻する際に陽動作戦で最初に上陸した地だ。現在はシンガポール最後のカンポン（田舎の村）として、サイクリングやキャンプの地として親しまれている。

　ウビン島へ行くには、地下鉄東西線のタナメラ駅（Tanah Merah: EW4）から2番のバスで終点のチャンギ・ビレッジ（Changi Village）で下車。そこから北に300mほどのところにあるチャンギ・ポイント（Changi Point Ferry Terminal）から渡し船に乗って、10分ほどで到着する。

レンタサイクルで

　島の人口は約250人だ。島南部の桟橋付近に居住者が集中しており、レンタサイクルの店が多い。島内に公共交通機関はなく、自転車は貴重な移動手段だ。島には手つかずの自然が多く残っており、サイクリングを楽しむ人も多い。また、桟橋付近には数軒の商店とレストランがある。ウビン島は海

鮮料理が有名で、比較的安い値段で採れたての魚介類を味わえる。

MRTの計画

そんなウビン島にも開発の波が押し寄せている。完成は2030年以降になりそうだが、政府はシンガポール本島とウビン島をつなぐ高速道路と鉄道（MRT）の建設を計画している。この計画に対しては、シンガポール最後のカンポンを守りたいと考える人々から反対の声が上がっているという。

チャンギ・ビーチ：虐殺の現場

チャンギ・ビレッジのバス停からチャンギ・ビレッジ・フード・センター（Changi Village Food Centre）の方向へ進み、北側の橋を渡るとチャンギ・ビーチ公園（Changi Beach Park）に出る。この海岸は日本軍が戦時中に虐殺した華僑の死体が多数見つかった場所で、浜辺には虐殺があったことを示す小さな記念碑がある。公園内には砂浜に沿って散歩道があり、椰子の木の並ぶ海岸を散歩する憩いの場となっている。目と鼻の先はマレーシアで、狭い海峡を頻繁に行き交う船を眺めることができる。

一方、チャンギ・ビレッジから西へ向かい、右に海を見ながら歩いて行くと、ゴルフ・クラブやセイリング・クラブといったレジャー施設やシャレー（Chalet）と呼ばれる別荘風ホテルが建ち並んでいるのが目に入る。多くのシャレーにはバーベキュー設備があり、友人や親戚を集めて泊まりがけでパーティーをする場所として使われている。

（WA）

▲チャンギ・ビーチの散歩道

❷チャンギ・東部地区

2 ウビン島上陸は陽動作戦だった

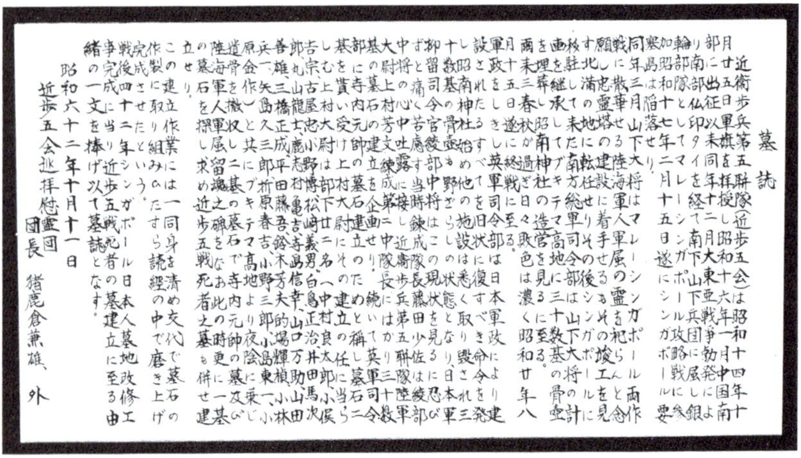

▲幻となった「近歩五聯隊」の説明盤

　この島に、1942年2月7日深夜、日本軍近衛師団が奇襲上陸した。

　チャンギ基地とセレター軍港を見下ろして、砲撃を開始した日本軍にイギリス軍はあわてた。コーズウェイから西の海岸近くに配置していた主力部隊を、急ぎ東に移動させた。日本軍の陽動作戦は的中した。8日夜から開始した主力の第五、十八師団による、コーズウェイから西の地区での上陸作戦は見事に成功した。

　イギリス軍は水際での防御に失敗し、内陸での戦いに追い込まれた。予想外に早く15日に降伏したことで、パーシバル将軍に対するイギリス国内の評価は厳しい。一方で、近衛師団は南方軍の中であまり戦力として期待されていなかった。それが、見直されたという。

　ただし、近衛師団はエリート意識が強烈であるために、他の師団から違和感を持たれていた。そのエリート意識が戦後も強固だったことが、シンガポール日本人墓地の「近衛歩兵第四聯隊慰霊の碑」の背面に示されている。そこには「軍旗拝受百周年ニ当リ戦友一同之ヲ建ツ　昭和六十二年五月二十四日」とある。1987（昭和62）年当時、日本人墓地は公開の公園化による存続を、シンガポール政府に求めている最中だった（109頁）。そこへ地元住民への配慮のない碑文を登場させている。さらにこの碑と並ぶ「近歩五戦死者之墓」の脇には、同聯隊戦友会が説明板を、同年10月の公園化改修完成時に設置した。それには、近衛部隊などによる攻略成功の事実と敗戦後にイギリス軍を欺いて戦友らの墓を建立した経過が詳述されていた。公園化後の中華系住民の反発が危惧された。1990年8月、『朝日新聞』（同年8月14日）の取材などを機に説明板は撤去され、台座だけ残っている。

（TA）

コラム

リー・クアンユーの対日警戒演説

▲リー演説を伝える『聯合早報』1990年5月15日の紙面

リー・クアンユー首相は、日本企業の誘致によって工業化を推進した。一方で、日本の軍国主義は戦後も一掃されていないとして、警戒の念を隠さなかった。世代交代が進み戦争体験のない人々の社会になれば、また軍事大国を目指すだろう、との予想だった。

その予想は安倍政権の登場（2006年・12年）によって的中したと言えるが、リー氏がその思いを明確に語ったのは、1990年5月だった。場所はフランスのパリ。当時、西欧諸国を歴訪中だったリー首相はパリで演説し、ドイツは戦争責任を深く反省しているので心配ないが、日本は違うということに気付いて欲しい、と強調した。

その様子は、随行した記者団によってシンガポールの『聯合早報』（1990年5月15日）で大きく報道された。しかしパリとシンガポール駐在の日本

人記者から日本国内に向けての報道は皆無だった。その理由を後にシンガポール駐在の記者に尋ねた。「自分は英語が専門なので、中国語情報は助手に任せていて気づかなかった」とのことだった。

同記事によれば、リー首相は次のように指摘している。

「日本の60歳代の戦争体験世代は、保守か革新かに関係なくもうこりごりと思っているので、2度とあのような愚かなことはしないだろう。しかし、『侵略』を『進出』と言い換えるような歴史教育で、事実を学んでいない戦後世代は、軍事力の増大と共に、何をするかはわからない。

かれらはやがて日米の軍事同盟をやめて、米国に抑えられることなく軍事力を海外で自由に行使できるように、目指す可能性がある」と。

日本に対してこれだけ厳しい指摘ができる国は、アジアではシンガポールぐらいしかない。そこで、西欧諸国に対して、アジアとくに日本の動向に目を向けて欲しい、と呼び掛けたのだった。

演説から1年後、海部俊樹政権は、ペルシャ湾への海上自衛隊掃海艇部隊派遣を決めた。これにリー首相は「アルコール依存症の患者にウィスキー入りのボンボンを与えるようなものだ」と反対した（99頁）。　　　　（TA）

3章　エリアガイド　❷　チャンギ・東部地区

❷チャンギ・東部地区

3 日本人墓地公園 (The Japanese Cemetery Park)

▲墓碑銘から明治以来の日本とシンガポールの歴史が見える

　ここは、東南アジアで最大規模の日本人墓地。太陽の光が降りそそぎ、緑の木々の間にプルメリアの清楚な白い花が咲き、芝生の手入れがゆき届き、いつ訪れても静寂さが漂っている。墓碑銘や説明板を読んでいくと、明治以来の日本とシンガポールとの歴史が見えてくる場所だ。今は、大小910基の墓標（氏名合計1014柱）が並んでいる。かつての記録（「新嘉坡日本人墓地俯瞰図1947年」）によれば1270基の墓標があった。60基ほどがすでに消滅していることになる。朽ち果てかけた木の墓標は、今にも消え入りそうだ。

設立までのいきさつ
　現在のような整然とした美しい墓地公園になるまでには、どんな経過があったのだろうか？
　ここは、かつて二木多賀治郎所有のゴム園の一画で荒地だった。彼は雑貨商や娼館を営み、さらにゴム園の経営で財を築いた資産家だった。当時日本人墓地はなく、日本人の亡骸は、ゴム園の牛馬と同じところに埋められていたそうだ。1888年、二木は所有するゴム園の一画6エーカーを英国植民地政庁に墓地としての使用を申請した。申請者には、渋谷銀治、中川菊三も名を連ねている。3年後に、隣接する公有地2エーカーも合わせた8エーカー（約1万坪）が、日本人の共有墓地として認可を受けた。しばらくして共済会（のちの日本人会）が設立され、その運用にあたるようになった。
　これ以後、イギリス領シンガポールには、日本の商社の進出をはじめ商人らの出稼ぎで日本人は増加した。1941年2月15日以降の日本軍による統治の「昭南時代」には、日本人が急増した。
　明治以後この地で亡くなった日本人

は、ここに埋葬されている。

1945年、日本軍が降伏した後には、在留日本人はすべて帰国し、4年後には敵産処分法令によって日本人墓地も接収された。やがて国交が回復し再び日本人が住むようになったが、57年に日本人会の管理に戻るまで、墓地は雑草に覆われ、一時はインド人が牛を放牧していた。墓地内にあった曹洞宗西有寺はシロアリに蝕まれ、過去帳さえ失われてしまったという。

60年に御堂が再建され、9年後には、シンガポール高等裁判所に土地の返還を申請して認められた。80年代に2年半にわたって日本企業による調査が行われた。さらに日本人学校の樋口直樹教諭を中心とした人々の熱心な研究調査によって、墓碑銘の読み取りが進んだ。

87年、大問題が起きた。シンガポール政府から、人口増加を理由に墓地接収・移転の告知がされたのだ。事態打開に官民あげて取り組み、大使の直接交渉でようやく存続が許可になった。日本人会は、シンガポールの公園法に基づいて「日本人墓地公園」と名称を替え、大改修を計画。10年間かけて、植樹、案内板、人物顕彰碑の設置などを行い、現在の姿になった。墓守をしているのは、華人のリム・キョクキーさん。祖父の代から引き受け100年以上にわたっているそうだ。この土地の借用期限は2019年だという。

墓地に眠る人々

最も古い墓は、1879（明治12）年の軍艦筑波の1等水兵だった楠本留吉（享年23歳）だ。別の場所で発見され、1928（昭和3）年に移葬された。明治政府の富国強兵策により、徴兵令施行後わずか6年、はるかこの地にまで、軍艦が寄港していたことになる。

このころすでに2軒の娼館があったという。娼婦で最初に建てられた墓は、佐藤登満の墓だ。墓碑には、長崎嶋原出身で、馬来街十五番地・明治廿年三月十三日辞世とある。高さ110cmもある石造りの墓は、相当な財力がなくてはできない。建立者の名は不明。どのような人物なのだろうか？ 馬来街は日本人で賑わっていて、日本料亭「新喜楽」のあった場所だ。

1880年代後半から90年代には、日本人の商人が増加していく時期にあたり、日清戦争後には女性の海外出稼ぎが急増した。彼女たちは「からゆきさん」と呼ばれた。「から」（唐）とは海の向こうの異国という意味だ。貧しい農家や漁村の若い女性たちが、異国まで出稼ぎにやってきたのだ。多くは石炭船などでの密航だった。当時女性の海外出稼ぎといえば、ほとんどが娼婦の仕事であった。彼女たちは想像を超えた過酷な境遇のなかで健気に生きた。

▲手前にからゆきさんの小さなお墓が見える

▲音吉の説明板

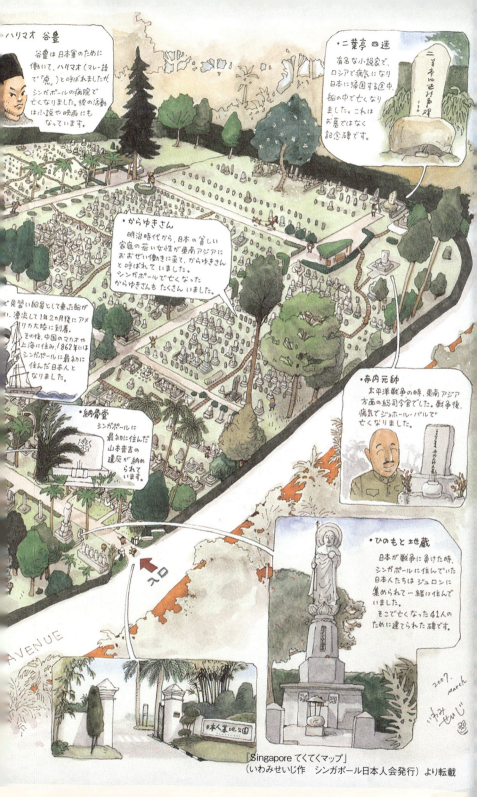

『Singapore てくてくマップ』
(いわみせいじ作　シンガポール日本人会発行) より転載

❷チャンギ・東部地区

お金を貯めて故郷に錦を飾った者もあるが、望郷の思いのまま若くして命を落とした多くが、ここに眠っている。墓碑に刻まれた出身地は、九州地方、とりわけ長崎・熊本が多い。

シンガポールは、貿易港として発展した都市で、日本人商社員の墓も多い。石原産業のシンガポール支店長・西村吉夫もその1人。墓地の提供者・二木多賀治郎、医師第1号の中野光三、天理教初代会長板倉タカ、西有寺を建てた楳仙和尚などもここに眠る。

小説家二葉亭四迷終焉之碑もある。彼は、1908年から朝日新聞ロシア特派員だったが、翌年病気による帰国途次にインド洋上の船中で病死した。シンガポールで火葬にされ、遺骨は、東京染井墓地に埋葬されているので、これは墓ではない。

御堂の前に納骨堂があり、音吉の遺骨も収められているという。尾張の国出身の音吉は、江戸時代の末期、14歳の時に漂流し、アメリカ西海岸で救済された。その後数奇な運命をたどる。日本に帰国できず、上海などで激動の時代を経て、シンガポールに初めて住んだ日本人といわれている。遺骨はここ郷里の愛知県知多郡美浜町の墓地とに埋葬されている。

軍人たちの墓物語

1941年12月8日、日本軍によるマレー半島コタ・バル上陸から始まったアジア太平洋戦争以後は、軍人の墓が多い。42年4月に建てられた兵士の墓がある。高さ4.5ｍの四角柱には、「従軍南洋會員戦死者之墓」と書かれている。揮毫は陸軍中将牟田口廉也。右側面に1000字ほどの長文の銘がある。風雨に晒されて、現在では全部を読みとることはできないが、『シンガポール日本人墓地―写真と記録』（シンガポール日本人会発行）に全文が掲載されている。

「英米の横暴がいよいよ加わりわが民族にとって生存の余地がないほどまでに圧迫されてきた。（中略）昭和十六年十二月、天皇による宣戦の命令を拝み、ここに一億一心決然として敵対するものを懲らしめる大東亜戦争が始まった。」（以下略。原文は漢字とカタカナ）

アジア太平洋戦争は、当時「大東亜戦争」と呼ばれ、「ABCD包囲網」からの自衛のための聖戦とされていたことが、歴然と記録されている。

通路をはさんだところには、21柱の墓標が並んでいる。陸軍病院で死亡した「菊兵団将士之英霊」である。中ほどの2つの墓標だけがわずかに高い。

▲「従軍南洋會員戦死者之墓」

▲「菊兵団将士之英霊」の墓標

これは軍隊の階級の差で、日本国内の軍人の墓と同様の扱いだ。天皇の軍隊の兵士は、死後「英霊」とされながら、なお差別され続けている。シンガポールをはじめ世界各地にある英連邦軍墓地(日本は横浜市保土ヶ谷区)では、戦死した兵士の国籍や階級に関係なく、墓碑の大きさは、みな同じ規格だ。

右手奥にある寺内寿一元帥の墓は、3段の石の上にあり、威容を誇っている。南方軍総司令官だった彼は、サイゴンで発病し、イギリスのマウントバッテン将軍の配慮でジョホールバルにかくまわれていた。日本軍降伏の式にも出席できず、翌年死去した。

墓は1947年に南方軍作業隊将兵たちによって建てられた。敗者の側の軍人の立派な墓に驚く。上質の石材は、マウントバッテン将軍からの「武士の情け」としての贈り物だった。

御堂の左手に回ると、いくつかの墓がある。いずれも1947年に建てられている。「殉難烈士之碑」は、戦後に自刃した兵士の遺骨やチャンギ監獄で処刑された戦犯たち100人以上の墓である。銃殺などによる流血の土を、通訳に頼んで密かに持ち出してつくられたという。

「近歩五戦死者之墓」は近衛歩兵第五聯隊の「残留作業隊」が建立した。

「作業隊殉職之碑」は右側面に「昭和二十年九月以降新嘉坡作業隊傷病殉職者慰霊之為」と記されている。

「作業隊」とは、敗戦によってイギリス軍の捕虜となった日本軍兵士のことだ。日本軍では「戦陣訓」により、「生きて虜囚の辱めを受くることなかれ」と教えられていた。捕虜になるのではなく、自死すべきものとされた。敗戦で捕虜となった兵士たちは、自らを「作業隊」と自称したのだ。捕われの身となった兵士らは、帰国を待ちわびながら、イギリス軍の眼を逃れて、これらの墓碑銘を刻んだという。

捕虜となった日本軍兵士たちが、大勢の市民の前で行進や労働をさせられたのは、かつて日本軍が占領時にイギリス軍やオーストラリア軍の捕虜に強制したことへの報復だろう。

「納骨一萬餘體」と刻まれた1.4mほどの四角柱の碑がある。日本軍政下の時代にブキティマ高地に建てられていたもので、敗戦時に日本軍自らが爆破したという。

多くの日本兵の眠るこの墓地とは対照的な墓地公園が、Civilian War Memorial Parkだ。日本軍に殺害された数万人分の追悼碑(66、67頁)が聳え建っている。　　　　(MI)

3章　エリアガイド❷　チャンギ・東部地区

▲寺内寿一元帥の墓

▲御堂の左手にある墓碑

❷チャンギ・東部地区

4 戦後50年に政府が建てた記念碑 その2

　「大検証（粛清）」によって虐殺された人々の遺骨は、1960年代にシンガポール各地で発掘された。その地点は30数か所に及び、それらの場所ごとに虐殺が実行された、と考えられている。

　人目につきにくいところが大半で、多くは内陸の谷間などだった。そうした場所は独立後の工業化や人口増加によって、様子が一変している。

　戦後50周年の記念碑建立事業では当時の状況が残っている海岸の虐殺現場3か所が選定された。11か所のブック型の記念碑とは異なる黒色の70cmほどの高さの四角錐台形をしている。追悼の意味を込めているように見える。これらにも、4つの公用語と日本語の碑文が刻まれている。

　以下、順にそれらを見て行く。

[チャンギ海岸の碑]（写真は口絵2p）
　北東部、チャンギ空港の東側は埋め立てにより、海岸線が大きく張り出している。ただし滑走路の延長線上となる北側の海岸線は、ほぼ当時のままで変わりない。一帯の海岸は、レクリエーションのエリアとして、海水浴やヨット、ジョギングなどのスポーツやキャンプ、BBQの施設、駐車場などが整備されている。

　道順は、NE2のタンピネス駅のバスターミナルから#19に乗車、チャンギ・ヴィレッジを過ぎてTELOR PAKU Rd（短い）からNICOLL DRIVEに大きく右回りで入ったら、最初のバス停（B10）で下車。そこの駐車場を抜けて海岸に出たところにある。

　1992年2月20日、ここチャンギ海岸の水際で66人の華人男性が補助憲兵銃殺執行隊によって殺害された。この66人は同年2月18日から3月4日にかけてシンガポール華人のなかの「抗日分子」一掃のため日本軍が展開したいわゆる大検証（「粛清」）で殺害された何万人もの華人の一部である。ここから数百メートル南のタナメラプサル海岸（現在はチャンギ空港滑走路の一部）は日本軍によって最も頻繁に使用された処刑場の一つであり、若者を含む千人を超える華人男性がそこで殺害された。

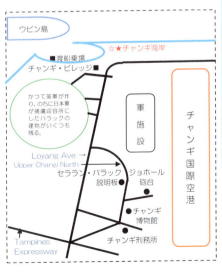

■チャンギ海岸とチャンギ・チャペル＆博物館の間のエリア（チャンギ空港西側）は、かつてイギリス軍の施設が拡がり、戦時中は日本軍が捕虜収容所などに使った。現在シンガポール軍の施設になり普段は非公開だが、敷地内には当時の建物や歴史展示室、捕虜が描いた壁画の現物（Changi Murals）

[プンゴル海岸の碑]
　チャンギ海岸の西寄りで、ジョホール水道に面したプンゴル海岸でも虐殺がおこなわれた。対岸のマレーシア側に工場が多数進出し、往来する人が増えたため、船着き場が整備された。以前は樹木の間に埋もれるようにあった碑が、桟橋のへりに置かれて目立つ。
　道順はNE線の終点プンゴル駅前でバス#84に乗り、終点のプンゴル海岸で下車。展望台を兼ねた桟橋入口の警察官詰め所の海側デッキに碑がある。
　1942年2月25日、ここプンゴル海岸で三百人から四百人の華人市民が補助憲兵銃殺執行隊によって殺害された。彼らは、同年2月18日から3月4日にかけてシンガポール華人の中の「抗日分子」一掃のため日本軍が展開したいわゆる大検証（「粛清」）で殺害された何万人もの華人の一部である。この波打ち際で非業の死を遂げた犠牲者たちは、アッパー・セラングーン・ロード地区の華人世帯各戸総当たり捜査で日本軍に連行された華人男性およそ千人の一部である。

3章　エリアガイド　❷　チャンギ・東部地区

[セントーサ島海岸の碑]
　セントーサ島の場合、島内での殺害はしていない。島の東部にあったコンノート要塞（現在はゴルフ場）の沖合に艀に載せてきたじゅず繋ぎの華僑たちに重しをつけて海に落とし、機関銃で殺していた。当時、要塞にいたイギリス兵たちが目撃し、戦後に証言している。順路は、セントーサ島内の#3（黄色、35分間隔）のバスで、セラボン・ゴルフコース下車。ゴルフ場の事務所で許可を得て、道順も教えてもらう。
　1942年2月20日から8日間、何百人もの華人市民が4人ひと組で背中あわせに手足を縛られ、近くのタンジョンパガ・ドックからこの前方の海上にボートで運ばれた。日本兵は身動きの取れない人々を海に突き落とし銃火を浴びせた。多数の死体がブラカンマティ島（現セントサ島）の海岸に打ち上げられた。およそ三百体が英軍捕虜によってブルハラレビン砲台（ここから百メートル先）の周囲に埋葬された。
　犠牲者たちは、同年2月18日から3月4日にかけてシンガポール華人のなかの「抗日分子」一掃のたの（ママ）日本軍が展開したいわゆる大検証（「粛清」）で殺害された何万人もの華人の一部である。

115

❸ ブキティマ・北西部地区

現在

1 かつての激戦地、いまは自然保護区

▲ブキティマ信号所

　ブキティマ（Bukit Timah）は第2次大戦で日本軍と連合軍が1戦を交えた激戦地として知られるが、現在では閑静な高級住宅街に姿を変えている。この地域は自然の宝庫でもあり、シンガポールがもともとジャングルだったことを実感させてくれる。ここでは、ブキティマ近辺の散策コースをいくつか紹介したい。

ブキティマ自然保護区

　シンガポールがジャングルだったことを実感したいのであれば、ブキティマ自然保護区（Bukit Timah Nature Reserve）がお勧めだ。アッパー・ブキティマ・ロード（Upper Bukit Timah Road）から旧マレー鉄道（Kereta-api Tanah Melayu）の鉄橋をくぐり、閑静な住宅街を300mほど歩くとブキティマ自然保護区の入口、ブキティマ・ビジター・センターにつく。

　入口付近では放し飼いのサルの一群が観光客を迎えてくれる。親子で群れをなしているサルは見た目には可愛いが油断は禁物。餌を求めて襲われる恐れがある。自然保護区では、サルが近づいてきても1.5m以上離れ、サルの目を見たり、歯をサルに見せたりしないよう呼びかけている。なぜなら、サルはそうした行為を彼らを攻撃するサインとみなすからだ。

　ビジター・センターのすぐ横にはブキティマの戦いを記念した本の形の説明板があり、そこからさらに30分ほど急な坂道を登ると、シンガポールの「最高地点」すなわちブキティマ山頂に辿りつく。標高は163mなので、そこからの眺めはやや残念なものだが、頂上に至るまでの道のりはジャングル

そのもの。900種以上の植物や、日本では見かけない珍しい動物や鳥類、昆虫たちに出会うことができる。

ブキティマ公園連絡道

ブキティマ山を下山して、元気が残っているようなら、そのままブキティマ公園連絡道（Bukit Timah Park Connector）を歩き、ブキ・バト自然公園（Bukit Batok Nature Park）へ向かうのもいいだろう。連絡道に沿って西へ約1.5km歩くと自然公園につく。自然公園を奥まで歩いていくと、小さな池とその後ろに聳え立つ崖が現れる。池の近くには長い石段があり、そこには第2次大戦中に日本軍が建てた忠霊塔の跡であるブキ・バト・メモリアル（Bukit Batok Memorial）という本の形をした記念碑が、石段のど真ん中に横たわっている。また、忠霊塔から850mほどアッパー・ブキティマ・ロード沿いに北へ歩くと、連合国軍と日本軍が降伏文書を調印した場所である旧フォード工場記念館（Memories at Old Ford Factory）につく。忠霊塔からジュロン・ケチル通り（Jalan Jurong Kechil）を南へ2kmほど下ると、左手にかつて慰安所「ちふね」だった建物が姿を現す。

ブキティマ鉄道回廊

ブキティマ地区にはかつてマレー鉄道が走っていたが、シンガポール・マレーシア両政府の合意により、2011年に国境近くのウッドランズ（Woodlands）駅以南が廃線となった。その廃線跡は現在遊歩道として使われ、ブキティマ鉄道回廊（Bukit Timah Rail Corridor）と呼ばれている。この遊歩道は自然の宝庫で、写真愛好家の間で、また、結婚記念アルバムの撮影スポットとして人気を博している。

鉄道回廊に行くには、上述の旧マレー鉄道の鉄橋から入るのがわかりやすい。鉄橋から南東へ1.5kmほど歩くとブキティマ信号所（Bukit Timah Railway Station）跡に辿りつく。ここはかつて列車交換用の信号所だったところで、現在でも線路と信号所の建物が保存されている。

ちなみに、シンガポール領内に現存するマレー鉄道は国境からウッドランズ駅に至る1kmにすぎない。この部分を残したのは、ジョホール・バルに在住しながら、シンガポールに毎日通勤・通学する住民がかなりの数存在するからだ。渋滞がなく定時運行が可能なマレー鉄道は彼らにとって貴重な存在だ。とはいえ線路は老朽化が進んでおり、目下、2018年開通を目標にジョホール・バルとシンガポールを結ぶ鉄道（Rapid Transit System）の建設が計画されている。　　　（WA）

▲かつてはマレー鉄道が通っていたブキティマ鉄道回廊

❸ ブキティマ・北西部地区

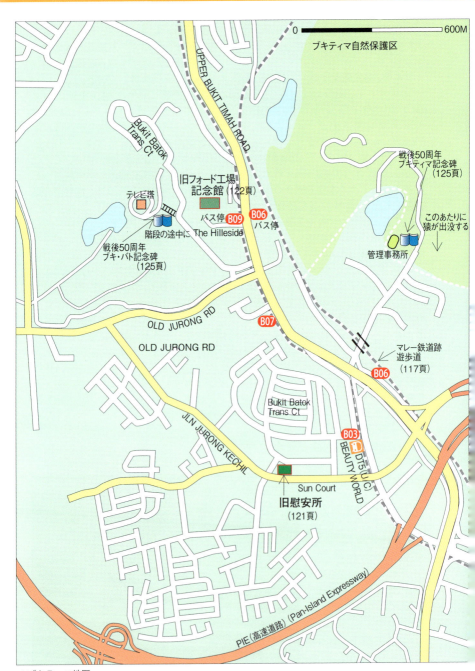

▲ブキティマ地区

戦時中

2 日本の上陸作戦——熾烈な攻防戦

▲クランジの英連邦軍墓地

1942年2月、シンガポール中心地を目指す日本軍と連合国軍の熾烈な攻防戦の戦場だったのがブキティマ地区だ（Bukitは「丘」、Timahは「錫(Tin)」という意味）。特にブキティマ・ロードは島の南北を結び、中心街や港につながる場所として、また軍の食糧を輸送するのにも重要だった。

シンガポール攻防戦の始まり

日本軍は1941年12月8日マレー半島に上陸し、1月31日には半島の最南端、ジョホール・バルに到達した。一方、シンガポール守備軍側はイギリス軍やオーストラリア軍のほか、マレー人連隊や華僑義勇軍（ダルフォース）やインド軍の戦力があり、イギリス軍最高指揮官、パーシバル中将は島内各地に軍隊を配備した（日本軍と連合国軍の動きは50頁地図を参照）。

2月6日、山下奉文将軍はジョホール海峡が見渡せるスルタンの宮殿に総司令部を移し、翌7日近衛師団400人をシンガポール東側のウビン島に上陸させた。これはチャンギ要塞側を攻略するとみせかけるフェイント攻撃で、イギリス軍を引き付けることに成功した。その上で、8日午後から第25軍の第5師団と第18師団、約2万人の兵士がジョホール水道からサリンブン海岸上陸のために猛攻撃をかけた。一進一退の戦闘が続いたが、深夜から断続的に第1回目の渡河作戦が成功した。上陸した部隊は島西部へ進軍し、テンガ飛行場のイギリス軍司令部を攻撃し、9日に手中におさめた。もう一方の軍勢はクランジ川河口付近から東側のセンパワン方面を目ざした。

9日夕刻、日本軍近衛師団はイギリス軍が破壊したコーズウェイをすばや

3章 エリアガイド ❸ ブキティマ・北西部地区

119

❸ブキティマ・北西部地区

く修復し、第2波の渡河作戦に成功し、クランジ海岸に上陸した。

ブキティマの戦い

　山下は2月10日夜明け前に海峡を越え、テンガ飛行場北に軍司令部を構築し進軍しようとしたが、オーストラリア軍、インド軍やダルフォースの激しい抵抗を受けた。一方、クランジ川から東側へ展開した近衛師団は、セレター飛行場方面へ侵攻したが、多くの戦死者を出した。ところが、イギリス軍は戦局を優位に展開しながら、情報伝達の失敗で撤退してしまった。これに近衛師団は救われた。

　山下は「神武天皇の誕生日」（紀元節）の11日にシンガポールを陥落させたかったが、戦局は一進一退の状態だった。そこで日本軍は貯水池を押さえるために進軍、一方パーシバルは軍総司令部をシム・ロードから市内中心部のフォート・カニングへ後退させた。しかし市街地の中心部では、日本軍の爆撃が始まっていた。

　12日夜半になると、ブキティマ、パシル・パンジャンの両方でイギリス軍の守備隊の防衛は崩れはじめ、日本軍が優位に立つようになったが、まだ予断は許さなかった。ケントリッジではマレー連隊が持ちこたえていたが、徐々に後退を強いられた。この時の戦いで日本軍に捕えられ、拷問された後に虐殺されたマレー人連隊のアドナン・ビン・サイディ少尉を讃えて作られたのがブキ・チャンドウ回想館（Reflection@Bukit Chandu 56頁参照）だ。展示はシンガポール戦全体や華僑虐殺にもふれている。

相次ぐ虐殺とイギリス軍の降伏

　13日に山下は軍司令部をフォード工場へ移動、14日に日本軍は貯水池を押さえることに成功し、激戦だったブキティマの戦闘は終わりを告げた。

　この日、日本軍は、アレクサンドラ病院でバルコニーからインド兵が狙撃したとして病院スタッフや患者約400人を、またジェネラル・ホスピタルでも、兵士や市民約100人を赤十字マークを無視して殺害するという、信じがたい国際法違反の事件を起こした。

　戦闘の途中に住民虐殺も起きている。ブキティマでは工場や住居での虐殺の証言がある。島の南西部にあたる現在のシンガポール大学付近の村でも目撃証言がある（謝昭思証言134頁）。

　2月13日の時点でパーシバルは反攻作戦を提案していたが、周囲に反対されたため15日昼前に降伏を決断した。フォート・カニングの軍司令部を通訳を含めて5人で出発し、夕刻フォード工場に白旗を掲げてやってきた。パー

▲ブキチャンドウ回想館

▲ラブラドール海岸のトーチカ

シバルは条件交渉を試みるが、山下は「イエスかノーか」明確にしないと市内への攻撃も辞さないと降伏を迫り、7日間の戦いが終わった。それに先立ち市街地のキャセイ・ビルディングにはすでに日の丸が掲げられていた。

＊旧フォード工場メモリアル
　アールデコ調のデザインを持つこの建物は、2006年に戦争博物館の1つとしてオープンした（120頁）。
＊ブキ・バト・メモリアル跡
　1942年6月、日本軍はブキティマ近くのブキ・バトに連合国軍捕虜を使用して「忠霊塔」を建てた。捕虜たちは犠牲になった仲間のモニュメント建造を望んだ。当初は拒否されたが対外的な宣伝効果から、許可された。戦後、忠霊塔は壊され、日本兵の遺灰・遺骨は日本人墓地へ移された。
＊クランジ戦争メモリアル
　日本軍上陸作戦の戦場だったクランジは、イギリス軍がキャンプと弾薬庫として使用していたが、日本軍占領後は病院と連合国軍捕虜のキャンプとなり、ここで亡くなった人たちを葬るために、墓地として使うようになった。大戦後はシンガポール島中の兵士の墓が集められて、連合国軍墓地となった。
　ここにはイギリス、オーストラリア、カナダ、インド、オランダ、ニュージーランド、マラヤ、中国系の兵士

▲16歳のインド人兵士の墓

が葬られている。また病院で虐殺された犠牲者（SINGAPORE CIVIL HOSPITL GRAVE MEMORIAL）や、サイゴン軍事墓地からのベトナム兵やビルマ兵の遺骨が移葬されている。墓地に葬られているのは4458人で、1番若い年齢は16歳だ。また、第2次大戦で遺体の見つかっていない2万5000人を超える連合国軍兵士の名前が12枚のパネルに刻まれている（SINGAPORE MEMORIAL）。
＊旧慰安所
　クレメンティ駅とブキティマ間の道路沿いにかつての慰安所の建物が残っている（118頁地図参照）。　　（SU）

▲ブキ・バト・メモリアルにあった忠霊塔の説明板

▲旧慰安所の建物（ジュロンケチル通り）

❸ ブキティマ・北西部地区

3 暗黒の「昭南時代」
―旧フォード工場記念館　Memories at OLD FORD FACTORY

▲旧フォード工場記念館（リニューアルのため現在休館。オープンは2017年2月15日）

　1942年2月、日本軍とイギリス軍とが激戦を極めたブキティマの丘。当時ここにあったフォード自動車工場の会議室は、日本軍の山下奉文将軍がイギリス軍パーシバル将軍に「イエスかノーか」と強く降伏を迫った場所だ。

　工場は、戦後も自動車工場として使用していたが、1980年に閉鎖し廃墟になっていた。2006年2月15日に第2次世界大戦関係の博物館として開設された。日本軍政下のシンガポールを知る上で、貴重な展示物が多い。

日本国内では――
　日本軍は、陥落させたシンガポールを昭南特別市と改名させた。昭南駅、昭南市電、昭南日報などの写真が当時を物語っている。館内は、10のテーマ別に解説があり、当時の写真や物品などが所狭しと並べられている。入口付近には、旭日旗と戦艦大和、日の丸と戦闘機隼を描いたハンカチーフが眼をひく。日本軍が誇示していた軍艦と戦闘機だ。山下将軍とパーシバルの銅像もある。2月16日の『読売新聞』は、イギリス軍が降伏したことを華々しく伝えている。『アサヒグラフ』陥落記念号の表紙は、東条英機らが万歳をしている姿だ。日本国内では、シンガポール陥落を祝って全国で提灯行列が実施された。小学生には、ゴムマリが勝利の記念品として配られたことが思い起こされる。

　日本兵の使っていた飯盒や水筒、出征の時の幟旗、自転車もある。マレー半島をシンガポールをめざして駆け抜けたいわゆる銀輪部隊が使ったものだ。日本国内では、部隊の行動が「快挙」と賞賛され、中学校の運動会等で、自転車を担いで走る競争が行われていた

りした。実は、自転車に不具合が起きると、「現地調達」つまり、沿道の住民の自転車を奪っていたことは、現地ではよく知られていることだ。

レジスタンスのコーナーには「南僑機工」たちの活躍が多くの写真で示されている。華僑たちは、1937年からの日中戦争に対し、母国救済のための資金援助に奔走した。さらに援蔣ルート（97頁）のトラック運転手として物資を輸送するために命をかけた。日本軍は、このような援助や抵抗を断ち切ろうとして、「大検証」（52頁）を実施した。召集した人々をあいまいな調査によって、数万の人を「抗日」とみなし、殺害したのだ。虐殺の凄惨さは郊外に住んでいた謝昭思さん（134頁）が描いた絵3枚からも伝わってくる。

当時の通貨とされた軍票や昭南特別市物資購買券、生活必需特別購買券などから、住民が日常の生活用品を買うにも、統制を受けていたことがわかる。米をはじめ食料は、日本軍が流通過程を押さえ、軍に必要な物資を優先したので、市民は食料難に陥った。タロイモなどで、辛うじて飢えをしのいだ様子も説明されている。

捕虜のコーナーでは、チャンギ収容所のイギリス軍などの兵士の姿が多くの写真で示されている。重労働と粗末な食事のため、やせ衰えた捕虜の銅像もリアルだ。また泰緬鉄道の過酷な労働に徴用された実態も見られる。日本軍の捕虜の扱いは国際法違反として戦後国際法廷で裁かれた。

押しつけられた皇民化教育

日本軍は、台湾や韓国の植民地で実施したように、天皇を敬う民になるための皇民化教育を強いた。天長節（天皇誕生日）などに日の丸を振って行進する写真はその例だ。子どもたちに日本式お辞儀の練習をさせたり、新設された昭南神社参拝など「日本人化」が図られた。皇民化教育のために、まず、日本語教育を徹底した。「学べ日本語ヲ」のポスターや『サクラ新聞』も読める。日本語学習は、子どもたちは学校で、大人には車上や商店の店先などでも行われていた。

あるマレー系の女学生の作文に、「昭和十七年二月十五日からマライは生れかはりました。そして、日本のよいせいふができてマライの人たちのため色々とやさしくおしえて下さいます」とある（原文は漢字と旧かなづかいでカタカナ表記）。ここには、日本軍がマレー人には優遇を、華僑には厳しい弾圧による分断政策をしていたことが語られている。

1945年8月、広島と長崎の原爆投下によって日本は降伏したと、アジア各地の原爆観がここでも示されている。

（MI）

3章 エリアガイド ❸ ブキティマ・北西部地区

▲展示室の入口

▲日本兵士への最敬礼。前庭の地面に描かれた絵

123

❸ ブキティマ・北西部地区

4 戦後50年に政府が建てた記念碑 その3

① サリンブン海岸上陸戦

　日本軍のウビン島上陸の陽動作戦でイギリス軍は主力部隊を急遽東に移動させていた。その隙を突いた日本軍は北西の海岸から第5師団と第18師団が上陸を図り、内陸への侵攻に成功した。その上陸戦の場所に記念碑がある。

　道順はNS4のチョア・チュー・カン駅で下車、南側の道路CHOA CHU KANG AVEを渡ったB01のバス停から#975に乗る。かなり乗って1車線の田舎道CHOA CHU KANG Rdに入ったら、B05のバス停で下車。15mほど戻ったところの広い砂利道を西に15分歩く。B&G SCOUT CAMPSITE入口の十字路脇に碑がある。前方が海。

　このマングローブの海岸線からシンガポール侵攻の火蓋が切っておとされた。1942年2月8日夜、日本軍第5師団と第48（ママ）師団は砲火の援護を受けつつ、渡航艇を並べてジョホール水道を渡った。日本軍は2度上陸を試みたが第22オーストラリア旅団によって撃退された。しかし3度目の攻撃で防御を突破し、翌9日朝までにテンガ空軍基地を攻略した。

② クランジ海岸の戦い

　サリンブン海岸と共に激戦となった場所の一つで、日本兵は水面で燃え盛る炎を潜って避けたという。

　碑への道順は、NS7のクランジ駅で下車。駅側のバス停から#925に乗車、KRANJI WAYの内水を貯水する水門に差し掛かったら下車ボタンを押す。

海側のトイレつき公園内に碑がある。

　1942年2月10日朝、侵攻する日本軍が干潮に乗じてこの海岸線に上陸した。泥に足をとられた将兵らは英軍が流した油の中で立ち往生した。第1陣は英軍が油に放った火にた（ママ）っと撃退された。しかし、サリンブンとジュロンに上陸しつつある日本軍に退路を断たれる恐れから、英軍連合部隊に南方退却が命じられた。こうして日本軍は上陸を果たし、シンガポール侵攻の足場を固めた。

④ ブキティマ攻防戦

　市街地西方のブキティマの高地は、最後の防御線だった。日本軍は死傷者が続出し弾薬は尽きかけていたが、それよりも早くイギリス軍が降伏した。

　碑への道順はDT5のビューティ・ワールド駅の出口Aから上がる。前方右手のブキティマ・ショッピングセンターを抜けて、UPPER BUKIT TIMA Rdの反対側に出る。そこから北へ100m程のところから右に曲がり、マレー鉄道の線路跡をくぐって500メートルの公園事務所の右脇に碑がある。

　シンガポール中心市内街地（ママ）への幹線道路を見おろすブキテマ高地は英軍と日本軍の双方にとって重要な戦略的要衝であった。1942年2月10日夜、装甲部隊に支援された日本軍は、要衝防備のため再編成された英軍連合部隊に攻撃を加えた。翌11日早朝までに日本軍はブキテマを攻略、中心市街地への道は無防備となった。

⑩ ブキ・バト慰霊塔

　戦闘終了後に激戦地を見おろすブキ・バトの丘に日本兵の慰霊塔が建立され、イギリス軍死者を悼む十字架もその背後に建立を認められた。

　碑の道順は、DT5のビューティ・ワールド駅出口Bのバス停留所B03から#67,75,170,171,173,178,184,961のどれかに乗り、B09で下車。少し戻った右角の斜め入口から坂道を500m上がる。旧慰霊塔の石段の途中に碑がある。

　帰路は反対側のB06から乗車して3つ目のB06で下車すると、ブキティマの碑にも近い。

　1942年、日本軍は「昭南忠霊塔」の建立を連合軍捕虜に命じた。日本軍戦死将兵を祭るこの慰霊塔は、先端を円錐状の銅で覆った高さ約12メートルの木造の塔であった。また捕虜らは、英軍連合部隊戦死将兵の霊を串う（ママ）高さ約3メートルの木造の十字架を「昭南忠霊塔」のうしろに建てた。「昭南忠霊塔」は1945年、連合軍がシンガポールに上陸する前に日本軍によって取り壊された。

■このエリアの説明板

EW22・ドーバー駅の南西（Dover RdとClementi Rd交差点）にバス停Transview Golf Clubがある。
2度目の昭南島襲撃事件（リマウ作戦／1944年）で関与が疑われた10人の兵士が処刑された場所に近く、説明板が設置されている。

（118頁地図参照）

3章　エリアガイド　❸ ブキティマ・北西部地区

125

❹ジュロン・南西部地区

現在

1 赤道直下の工業地帯発祥の地
——増え続ける埋立地

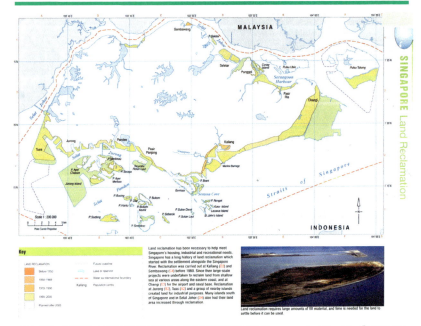

▲シンガポールの埋め立て地分布（時期別）中学校地図帳"ATLAS Singapore And The Word" 2008より

　南西部地区は本島のジュロン地区と埋め立てで造成されたジュロン島などの付属島地区とに大きく区分される。

　付属島地区は、7つの島の間を埋め立てたジュロン島を含め、石油化学工場を集中的に立地させている。石油精製能力では、世界トップクラスになる。その主力になっているのは三井化学や住友化学などの日系企業で、世界最大の合成ゴム製造拠点ともなっている。

　これら付属島地区をケミカルアイランドにしたのは、事故対策の意味もある。万一の事故の際に市街地と離しておくためで、事実これまでに何度か火災などの事故が発生している。

　その一方で、埋め立ては今後も予定されている。中東やインドネシア周辺からの石油や天然ガスの輸送ルート上にある好条件が生かされ、生産規模と製品種目の増加が予定されている。

国土の拡大約30％

　なお、シンガポールは経済力の成長に合わせて、埋め立てによる国土の拡大を急ピッチに進めてきた。1963年の独立当時は554km²だったのが、1965年に575km²（淡路島は592km²）、2001年に646km²（東京23区は621km²）、2015年に717km²（長崎県対馬は708km²）になっている。約30％の増加だ。今後を総人口690万人（2012年は530万人）を想定している。そのため、上図のようにチャンギ空港の東側やジュロン島周辺での大規模な埋め立てを予定している。

　海面の陸地化ではオランダの干拓地

126

が知られている。シンガポールは農地ではなく市街地や工場用地などにするため、埋め立て一本槍だ。

ただし最近では、埋め立て地の大幅な張り出しで領海の中間線が動くことに、インドネシアが神経を尖らせている。調整が必要になりそうだ。

ジュロン地区の変貌

本島のジュロン地区も大きく変貌している。かつて、この辺りはジャングルとマングローブが大半の農村地域だった。そこに目をつけた独立前の自治政府は1961年から工業用地の造成に着手し、外国企業の誘致による工業化をめざした。大半が国有地だった。丘を削り、産業廃棄物も含めて谷を埋めた。幹線道路や鉄道の引き込み線の整備、シティとの通信回線構築や電気・水の確保を進めた。

それでも赤道直下の工業化政策に応じたのは、労働集約的な軽工業の企業ぐらいだった。そこへ1963年に日本の石川島播磨造船（IHI）が進出した。さらに73年に三菱重工の造船部門が進出を決めた。

当時、スエズ運河は1967年の第三次中東戦争以来閉鎖されていた。日本では、公害対策基本法（67年）から「経済調和条項（経済の健全な発展との調和が図られるものとする）」が削除され、公害対策を強化した時期でもあった。

以後、重工業や化学工業などで世界の著名企業の進出が相次ぎ、工業化は成功した。同時に、1973年のオイルショックも切り抜けた。

最近のジュロン地区は、MRT駅を中心に団地の増設とショッピングセンターの進出が急ピッチで、「わざわざシティまで出かける必要がなくなった」と言われている。MRTの延伸工事も進み、居住人口の増加が見込まれている。

ただしシンガポール政府の経済政策はドラスチックで、最近では製造業よりも付加価値の高いバイオメディカルなどの部門に重きを置き始めている。新しい方針に合わない企業には「肩たたき」が行われる。製造業もイノベーションを疎かにすれば、「追い出される」産業にされかねない。その変化が、島内の他の工業地区はもちろん、工業化発祥の地のジュロンでも始まっている。

例えば、コンテナーヤードはシティ地区からジュロンの埋め立て地区への移転が決定している。カジノなどの観光振興に必要な大型客船の接岸バース確保のためであれば、取扱量世界1の実績も一顧だにされない。

このようにして、シンガポールは1人当たりのGDPで、日本のそれを追い抜いただけでなく、世界で9位の座を獲得している。そのダイナミズムを見せつけられる場所の一つが、このシンガポール南西部でもある。　（TA）

▲工場進出初期のジュロン地区（1965年）

127

❹ ジュロン・南西部地区

2 発展が進む中で残る記憶
―― 住民虐殺・戦後の民間人抑留

▲福田赳夫首相の植樹（1977年8月15日）。この2日後、マニラで福田ドクトリンを発表した

　年間100万人近い日本人観光客がシンガポールを訪れているが、南西部地区に足を延ばす人はあまり多くない。

　それでもジュロン・バード・パークが観光コースに組み込まれている。そのジュロン・ヒルの頂上には展望台ルック・アウト・タワーがあって、海側では足元の工業地帯に石油掘削の櫓が林立する様子やジュロン島などを遠望できる。陸側は遠くにマレーシア・ジョホール州の山並みが望める。ただしインドネシアからの煙霧で遠望が効かない日が、近年では増えてきている。

　タワーの周辺には、海外の著名人による記念植樹が点在している。日本の皇太子（現在の天皇）夫妻の植樹もある。皇太子夫妻が植樹したソテツは、その後何者かに葉をすべて切り取られていた。次に同地を訪れた際には、新たなソテツに植え替えられていた。

残る厳しい対日感情

　南西部地区にも、厳しい対日感情が残されている。日本軍は北西部から本島に上陸し、南西部の海岸沿いを東に進撃した。海に近い現在のシンガポール大学付近で、住民を虐殺している。

そのことについては、本書の謝昭思さんの証言（134頁）に詳しい。

　なおこの先のパシル・パジャンではマレー人部隊などと激戦になっている（100頁）。

　敗戦後、今度は日本の兵士と民間人（非戦闘員）が、抑留される立場になった。兵士は、チャンギ、リバパレー、ケッペルさらにはジョホール州やインドネシアのレンバン島などの捕虜収容所に拘束された。戦犯の追及を避けるために、偽の兵役簿がつくられ、偽名が用いられた。また、捕虜を恥じたため、「作業隊」と自称したことが、日本人墓地公園の追悼碑から読みとれる。

　民間人の場合、住民などからの報復を警戒して、市街地から30km以上離れたジュロン地区に収容施設が作られた。そこへの移動の際、罵声を浴びることはあったが、収容後も含め危険なことはなかったという。約6000人が生活したため、当初は食料確保が大変だった。やがて自治会が作られ、演芸大会や文芸誌の発行もあった。ここで死亡した41人のため、日本人墓地公園に「ひのもと地蔵」が建立された。

民間人の引き揚げは1945年11月に始まり46年4月に完了。軍人も47年1月までに完了した。

マレーシアを含め、戦時中の日本人居住者たちが当時をしのぶ旅行団を編成して、来訪した例が少なくない。その事実をどのように報道するかで、一時厳しい論争が、シンガポールで展開されたことがある。一方で、現地の女性との間に生まれた子供が、帰国した父親捜しに来日した話題を、日本のマスコミが取り上げるケースもある。現在では、民間人が収容された当時の施設の名残りなど何も存在していない。

職住近接の人口急増地域

かつて、ジュロン工業地帯への企業進出が進んだ頃、本島を東西に貫く高速道路（PIE=Pan Island Expressway）は、従業員を荷台に載せて運ぶトラックなどで朝夕渋滞していた。現在では車線の拡幅や南西地域内の団地増設で、そうした混雑はほとんど見られない。

特にジュロン地区は当初の計画通りに職住近接の環境が整い、人口も急増している。MRTのジュロン・イースト駅前には伊勢丹や紀伊國屋などが出店し、和食やラーメン屋も軒を並べている。進出企業の日本人も地区内の居住者が増えている。日本人学校もクレメンティの小学部とウェストコーストの中学部とも、この地域内にある。小学部と向かい合うシンガポール大学には日本人の留学生も多い。

早くに作られた日本庭園を含め、南西部には日本と結びつくものが少なくない。　　　　　　　　　　（TA）

▲「昭南特別市会」の訪問団を大きく伝える『PANAタイムズ』の紙面

コラム

キャンパスライフ

▲シンガポール大学のキャンパスで

　シンガポールの大学は全国でわずか6校（外国の大学の分校を除く）しかない。その狭き門に受験生が集中するため、シンガポールの大学進学率は日本の約半分（約25%）にすぎず、大学生のステータスは日本のそれより高い。その中でトップを占め、日本の東京大学にあたるのがシンガポール国立大学（National University of Singapore ＝ NUS）といえる。

　私は同大学に2002年から約10年間在籍した。その体験に基づいて、シンガポールの大学生活について、日本との違いを中心に紹介したい。

8月が新学期

　シンガポールの大学は8月に新学期が始まる。2学期制をとっており（1学期8〜11月、2学期1〜4月）、各学期は13週。その中間に中間休暇（recess）が、学期末に試験休暇がそれぞれ1週間あり、その後が期末試験となる。

膨大な課題図書

　授業は講義とグループ・ディスカッション（tutorial）で構成され、1つの授業を取ると双方に出席しなければならない。双方ともただ漫然と出席すればいいわけではなく、事前に課題図書を読んでおく必要がある。特にグループ・ディスカッションでは、読んでいかないとまったく話についていけなくなる。事前に課題図書が読めなかった時は、ディスカッションで意見を求められないよう、なるべく他の学生と目を合わせず、わかったふりをして苦しい時間が過ぎるのを待たねばならない。課題図書の量は膨大で、私は1度も全部を読み終えることができなかっ

た。シンガポール人のクラス・メートに聞いてみたところ、一部の勉強熱心な学生は別だが、彼らも全部は読んではいないようだった。

入試のような期末試験

シンガポールの大学で日本と最も違うと感じたのは、学生の試験に対する真剣度である。年に2回期末試験が実施されるが、期末試験における緊張感は日本の入学試験に等しい。というのは、試験で成績が基準に満たないと退学になるからで、私の友人の何人かが退学の憂き目をみた。

学生が退学を恐れるのは、シンガポール社会が日本以上に学歴重視で、大卒とそれ未満では就職の条件が大きく異なるからだ。大学教育もいい就職のために受けさせるという風潮で、政府も金儲けに繋がらない学問には重きを置いていない。シンガポールにある大学は、学部の過半数が理系の総合大学が1校（NUS）、理系が3校（南洋理工大学など）、経営系が2校（シンガポール経営大学など）で、文系中心の大学は存在しない。こうした徹底した実学志向は、「教育は国の発展のための手段」という政府の考え方を反映している。

飲み会ではなくサパーで息抜き

シンガポールの学生生活で日本と大きく異なるもう1つの点は、サークルやクラブ活動がほとんどないことだ。

多くの学生は退学しないよう勉強に精一杯で、他のことをやる余裕がない。時折クラブ活動に精を出している学生に出会うこともあるが、たいがいはCCAポイントを貯めるために行っている。CCA（co-curriculum activity）というのは課外活動のことで、このポイントを貯めると大学内の寮に優先的に入れたりする。

では、学生は何を楽しみに学生生活を送っているのか。日本ではコンパや飲み会などで息抜きをする学生が多いが、シンガポールではサパー（夜食）がそうした場となっている。男子学生が集まってもほとんど酒を飲まない。代わりに紅茶とサパーで話に花を咲かせる。飲んべえにとっては物足りない事態だ。

学生が集まるのは、だいたい、安価で夜遅くまで開いているコーヒーショップかホッカーセンターだ。シンガポールは安くて美味しい店が各地にあるので、シンガポール人と仲良くなると一緒にサパーに行くことが増える。だんだんと体型が崩れてくるが、シンガポール人と仲良くなろうと思えば、それも大目に見なければならない。

（WA）

▲キャンティーン（学食）で議論する学生たち

コラム

シンガポールの日常風景
―娘の出産の家事手伝いに行った

田中由紀子

▲公園で遊ぶ娘と孫たち

シンガポールはベビーブーム!?

今年1月、シンガポーリアンと結婚している娘の第2子出産を手伝いに40日間シンガポールに滞在した。

出国時、30日の滞在期限を10日オーバーしていたので100ドルの罰金を支払う羽目になったが。

深夜陣痛が始まり、緊張した様子で夫と病院に向かった娘。翌日、無事に生まれた赤ちゃんに会いに病院へ行った私に、「もう明日退院できるって」と娘はビックリしていた。

日本で第1子を出産した時には、5日間の入院の間に、授乳の仕方、お風呂の入れ方や母体のケアなどの指導が目白押しだった。今回は、部屋でビデオを見ての自習。シンガポールはベビーブームを迎えているようで、新生児室には赤ちゃんがいっぱいだった。国からはスリング(抱っこひも)や、下着類などの子育て用品のプレゼントが届けられた。

メイドが担う子育て

シンガポールでの子育ての特徴の1つは、多くの家庭にメイドがいて、子育てを担っていることだ。共働き家庭での労働力として大きな役割を負っている。平日の午前中、公園に2歳の孫娘と行っても親子連れはほとんど見かけない。おじいちゃんかおばあちゃん、あるいはメイドに連れられてきている子どもたちばかりだ。フィリピン、インドネシア、ミャンマー、など近隣国出身の10代、20代の若い女性たちで、3年前より車椅子の高齢者を介護しているメイドが増えていた。

日が落ちて涼しくなる夕方、娘家族が住んでいるHDB住宅(住宅開発庁の開発)下のプレイグラウンドはとても賑やかになる。おじいちゃんに抱かれた赤ちゃん、自転車を乗り回す子どもたち、バスケットボールを追いかける10代の若者たち。ジョギングに汗を流す中年層。ベンチでおしゃべりに夢中なお年寄り、立ち話に花を咲かせている女性たち、遊具で遊ぶ子どもを見守るお父さん。ここには、あらゆる年代の人たちが集まって来ている。こんな光景、最近の日本では見られない。

▲生まれた赤ちゃんはぐるぐる巻きにするのがシンガポール流

4 戦後50年に政府が建てた記念碑 その4

③ ジュロン＝クランジ防御線戦闘

シンガポール中心市街地への北西進路を守るこの天然の防御線は、日本軍の侵攻に備える英国連合舞台（ママ）によって防備が固められているはずであった。しかし、やむを得ない場合にのみ中心部外周の最終防御線まで後退せよとのパーシバル中将の極秘指令を守備隊は誤って解釈した。このため、1942年2月10日、英軍連合部隊はジュロン・クランジ線から後退。日本軍はこの防御線を難なく通過し、ブキテマに進軍した。

■歴史を語る説明板、まだまだあります。

島の中央部、マクリッチ貯水池の公園（バス停・opp Andrew Rd）には林謀盛の墓と説明板がある。そこからAdam Rdを南に行くと、日英の激戦地で昭南神社、Sime Road Campなどの説明板が立つ。島の北東部、セレター飛行場にも説明板がある（バス停・bef Seletar Camp G）。いずれもNational Heritage Boardが建立したもので、新旧様々なタイプのものがあり、ここではとても紹介しきれない。みなさんも探してみては？

南西部に建立された記念碑はこの[3. ジュロン＝クランジ防御線戦闘]のものしかない。しかも、団地の中の公園に建てるのに、団地と公園の建設が途中であったために、建立が一番遅れた。除幕式を伝える当時の新聞（1995年11月13日）には「やっと完成!」とある。

碑文でも明らかだが、この場所で激戦があったわけではない。それなのになぜ11か所の一つに選ばれたのか？

そのヒントは、碑文のイギリス軍に対する厳しさにある。

道順は、NS1・EW24のJURONG EASTから#334のバスに乗る。川を渡ったJURONG WEST AVEから右折して入ったJURONG WEST Stの最初のバス停B08で下車。そこから団地側の通路を抜けた公園に碑はある。

バスは循環コースなので、同じバス停から#334に乗れば戻れる。

日本軍は、イギリス軍が「3か月は持ちこたえる」と豪語していたタイ国境に近いジットラの防御陣地を1日で陥落させた。日本軍がタイ領に侵攻した際、パーシバルは独立国への侵攻に迷う。決断して兵士を陣地から路上の進軍に移したところを、日本軍が予想外に早く来襲したのだった。以後の戦闘でも、部下を含め、判断ミスを繰り返す。その場所の一つが、ジュロン・クランジ防御線だった。

戦後復活したイギリスの支配に、シンガポールの人々の畏れの念は薄れた。それが独立の底力を支えていた。

一方の日本軍は、予想外の「大勝利」に浮かれ、占領地域をインドネシアから南太平洋にまで広げた。島しょ戦を想定してなかった日本軍敗北の運命はこの時に決まった。「勝って兜の緒を締めよ」の諺は忘れられていた。　　　　（TA）

証言―日本軍の侵攻

—— 謝昭思さん

▲謝昭思さん（1932年生）

豊かで平和な毎日だった

　日本軍がシンガポールに来るまでは、私は両親と弟5人姉2人、母方と父方のおじ夫婦（3組）、いとこ男4人女3人、親戚4人の合計25人で暮らしていた。生活は、市街地の郊外で土地を借り、ブタ200頭カモ1000羽を飼育し、豊かで平和な毎日だった。

　1942年2月15日、1000人以上の日本兵が列をなしてやってきた。その後日本軍が次々とやって来てはブタやカモなどを奪っていった。家の水ガメの水を兵士の水筒に入れ持っていくようになり、新しい部隊が来るたびに、兄は毒見のため水を飲まされた。

　ある日突然、家並みの端のおばの家から「助けて！」という悲鳴が聞こえた。最初は殴られた程度と思い、まさか殺されているとは思いもしなかったが、外に出ると、その家にはネットをかぶり身体中に木の枝をつけた日本兵がいて、家の人々を殺していた。

日本兵に刺されて

　日本兵は私たちが隠れていた防空壕にもきた。そこは子ども用の壕だった。日本兵が来た時、15歳の男の子が床に膝をつき、指で地面に「先生、私たちは何をしてさしあげればいいのですか」と中国語で書いた。日本兵はその子の背後から銃剣で突き刺し、頭を殴った。男の子は立ち上がり、激しい苦痛の表情を見せた。日本兵がもう1度彼を刺すと彼は死んだ。私は、おじのそばに駆け寄り隠れたが、おじが「早く逃げろ」と言ったので、いとこと2人で走って逃げた。おじはすぐに日本兵につかまり、刺し殺された。日本兵が気付いて追ってきて、鬼ごっこのように逃げ回ったがとうとう捕まった。その場で刺され、倒れたところを何度も刺された。死ぬと思った。そのうちに気が遠くなった。

家族21人が殺された

　3～4日後、私は息苦しくて意識が戻った。穴の中に入れられ、少し土がかけてあった。そこは家から離れていた場所で、あちこちに住民の死体があった。少しずつ這って家に戻った。戦闘は終わっていた。家には妊娠7カ月の母が重傷で残り、刺されながらも生き残った姉（15歳）と、弟（生後18カ月）、軽傷のおば1人が残り、父は即死だった。家族25人のうち、生き残ったのは4人だけだった。

　なぜこのようなめにあうのか母は思い当たることが何もなく、いくら考えても、直前まで住民と日本兵の間に何の揉め事もなかった。姉はその後、男

性の身なりに変え、占領下のシンガポール市内の知人宅に移り生活した。

母は出産直後に亡くなった

　母は生き残ったものの身重で重傷だったので父たちの遺体を埋めることもできず、膨れ上がりウジが湧いて、白骨が見えているのもあった。1晩だけ母と共に防空壕で過ごしたが、激しく臭うので、近所の家に移った。私たちがあまりに汚れていて臭うので、そこでも嫌われ、1週間後に自宅に戻った。母は悲観し、生きていても仕方がない、父さんのところへ行こうと、カモの池に私を連れて行った。私が「死にたくない、嫌だ」と泣き叫んだので近所の人が飛んできて母を止め、遺体もようやく埋葬してもらえた。

　どうにか生きていくことになったが、家にいると楽しかった頃や家族が思い出されて泣き続ける毎日だった。その上、3月には母が出産直後に亡くなった。赤ん坊はすぐに人手に渡ったが大切に育てられ、今も時々会っている。

日本軍で働く

　日本軍の命令で、弟と2人、兵舎に皿洗いなど雑用をしに行った。辛いことだけでなく、タカタ上等兵とアサカ少尉（軍医）という2人の日本兵に可愛がられ、おんぶされたり釣りに連れて行ってもらったりした。釣りの場所は現在のタイガーバーム公園の近くで、そこには多くの女性たちがいた。皿洗いの建物から、偶然中国系の若い男女2人が、日本兵に首を切り落とされるところを目撃した。怖くて、それからは日本軍の場所に行けなかった。

　その後も、学校に行かず労働者として働き続けて生きてきた。現在、妻と息子3人、娘2人、孫6人で暮らしている。病気が重く苦しい時がある。

　日本に対しては、本心では今からでも賠償してほしいと思う。この怒りは一生消えない。そして悲しみも。思い出さないようにしているが、思い出すと悲しみでいっぱいになる。

ナショナルアーカイブスに資料保存

　謝昭思さんは、アジア・フォーラム横浜がシンガポールの華字紙に出した広告「尋：二戦受害者」を題材にしたkさんの新聞記事を見て、名乗り出た。

　謝昭思さんが、記憶をもとに描いた4枚の絵は、貴重な資料や映像とともに旧フォード工場記念館に展示され、口述史料館にも絵や資料がある。謝昭思さんへの5回のインタビュー記録映像が「アジア・フォーラム横浜コレクション」として設置され保存されている。

（インタビュー・吉池俊子）

3章　エリアガイド　❹　ジュロン・南西部地区

▲謝昭思さんが記憶をもとに描いた絵

「日本人学校の副読本ぐらいには書いてください」
――日本大使の発言

▲日本人学校クレメンティ校　　　　▲日本人学校の副読本（新旧3冊）

1912年に補習校として発足

　シンガポールは戦時中の一時期を除き、明治時代から日本人の出稼ぎや定住する人が多く、1912（明治45）年には日本人子弟向けの補習校が開設されていた。戦後も1964年に補習校が再開され、66年にはシンガポール政府から私立校として認可された。当初は欧米系の外国人学校の一画に間借りしていたが、ジュロン工業地帯への日系企業の進出によって生徒数が増加した。76年には現在のクレメンティ校を開設し、独立した校地と施設を持つに至った。

　その後も生徒数は増え続け、1984年には中学部をウエストコースト校として分離独立させ、98年には小学校もチャンギ校と分けて、3校体制になっている。海外有数の日本人学校だ。

　日本政府からは教員派遣や教材購入などで援助を受けているが、私立学校として独立採算制のため、授業料などの保護者負担は軽くない。授業は日本に帰国した時を想定して、日本国内の教育課程に則して実施されている。教科書は、国内で最も多く採択されたものが国内と同様に無償で支給されていたが、2016年度用から各校での選定が認められた。

　保護者は企業従業員が多い。平均3年で帰国するので、帰国後の入試に対応できる教育が強く求められている。在住邦人向けのフリーペーパーにも学習塾の宣伝が多数見受けられる。

独自の副読本を編さん

　日本国内の学校との違いとしては、小学校1年生から英会話授業が週5時間あり、中学校でも英語による授業の機会を多く設けている。行事の一つとして日本人墓地の清掃が年に一度組まれている。それに合わせ、日本とシンガポールの関係について独自に編さんした副読

本による学習も行われている。

とくに中学部の副読本は、戦時中の日本軍政下の住民殺害や経済混乱についても、事実を具体的に記述している。保護者が知っている以上に生徒は詳しく学ぶことになる。

それらは、日本の文科省から派遣された社会担当教員が中心となってまとめ、改定版も発行している。日本軍による加害責任に関する記述については、「日本に学べ（9頁）」政策を掲げているリー・クアンユー政府の言論政策に反しないかが危惧されたという。念のために現地政府に照会したところ、「現在の政府の政策を批判するものでなければ不都合ではない」との回答だった。杞憂にすぎなかった。

山口大使の大胆な発言

副教材の作成には日本人会や駐在日本大使館も協力している。1991年4月末に海部俊樹首相が、湾岸戦争後の機雷処理に自衛隊掃海艇部隊を派遣するに当たり、シンガポール寄港の事後承諾を求めた。その際に、日本の歴史教育の内容を地元側から厳しく追及された。海部首相は1982年の教科書問題の折の宮沢官房長官談話を引合いにして釈明したが、批判の声は続いた。その最中に、シンガポール駐在の山口大使が地元紙

『The Sunday Times』(1991年6月9日)のインタビュー記事で「娘が学んでいる日本人学校の副読本『SINGAPORE 資料集　シンガポール』ぐらいきちんと歴史教科書に書くべきだと思うので、本省（日本外務省）に送って、文部省に見せるように話してある」と、明らかにした。

外交官が海外のマスコミの取材に応じる場合の発言内容は、事前の本省による許諾の範囲内に限られる。山口大使の大胆な発言は、教科書の歴史記述で問題を繰り返している文部省（当時）に対する外務省の不満の表明と見ることもできる。

その後、日本の歴史教科書では東南アジアにおける日本軍の加害行為についての記述が、質量ともに増加を続けている。日本人学校の副読本は、限られた部数がシンガポールの紀伊國屋書店や日本人会で、購入が可能だった。

また生徒自身が帰国の際に持ち帰った分もある。それらが教科書執筆者の目に触れたことで、教科書の記述の充実に結びついた可能性が高い。

その後副読本は1994年に第2版が出版され、2009年には全面改定されてタイトルも『資料集　シンガポール』から『シンガポールを「知る・学ぶ」20話』へと変わった。　　　　　　　　　（TA）

▲山口大使のインタビュー記事（1991年6月9日）『The Sunday Times』

❺ セントーサ島地区

1 戦跡の島につくられたアミューズメント・パーク

▲セントーサ島

セントーサ島概観

　セントーサ島（Sentosa Island）は、もともとイギリス軍の要塞で、プラウ・ブラカン・マティ（「死の背後にある島」の意）と呼ばれていた。これを縁起が悪いと思ったのか、1972年に「平和の島」という意味のセントーサ島に改称し、観光地としての開発が始まった。

　同島は大まかに東端部、東部、西部の３つの地域に分けることができる。東端部はセントーサ・コーブ（Sentosa Cove）と呼ばれる、2006年オープンの高級住宅地だ。

　島の東部を占めるのは、２つのゴルフ・コースだ。そのうちの１つ、セラポン・コース（Serapong Course）は、内外のトップ・プロを集めたゴルフ・ツアーが毎年開かれることで知られている。また、同コース北側の海岸は日本軍によって虐殺された華僑の死体が多数発見された場所だ。現在、小さな虐殺記念碑が立っている。

　島の西部は観光客向けのアミューズメント・パークだ。一般にセントーサというとここをイメージする人が多いだろう。この地域はリゾート・ワールド・セントーサ（Resorts World Sentosa）が管理する北部、多くのアトラクションが集中する中部、ビーチのある南部に分けることができる。

北部：カジノとユニバーサル・スタジオ

　北部で有名な施設は、カジノとユニバーサル・スタジオ（Universal Studios Singapore）だ。両施設に行くには、地下鉄東北線ハーバーフロント駅（HarbourFront: NE1）に隣接したショッピングセンター、ビボシティー（Vivo City）の３階にあるセントーサ駅（Sentosa Station）からモノレール（Sentosa Express）に乗り、１つ目のウォーター・フロント（Water Front）駅で下車、そこから徒歩で行くのが最も簡単だ。

　カジノはクロックフォーズタワー

138

(Crockfords Tower）という豪華ホテルの地下にあり、外国人はパスポートを提示すれば無料で入場することができる。一方、シンガポール人は1日S$100の入場料を支払うか、S$2000の年間パスを購入しないと入場することができない。これは、シンガポール人の低所得者層がカジノで借金を抱え込むことを未然に防ごうとした措置だ。

一方、ウォーターフロント駅の東側には日本でもお馴染みのユニバーサル・スタジオがある。敷地面積はあまり大きくなく（約200㎡）、大阪のユニバーサル・スタジオの約半分だ。

中部：シロソ砦とマーライオン

シロソ砦は、戦争をテーマとした博物館および公園で、島の最西端に位置する。モノレールのビーチ（Beach）駅から3つのバス路線（Bus1, Bus2, Beach Tram）のいずれかに乗りシロソ・ポイント（Siloso Point）で下車、西へ歩いて行くと入口が見える。中に入ると、数々の古い大砲やかつて使われた地下壕が姿を現す。建ち並ぶ4つの建物には第2次大戦に関する展示がある。中でも、日本軍がイギリス軍に降伏を迫る場面（1942年）と、イギリス軍が日本軍に降伏文書をつきつける場面（1945年）とを蝋人形で再現した「降伏の部屋」（Surrender Chambers）は印象的だ。

セントーサ・マーライオンはモノレールのインピア（Imbiah）駅のすぐ南側に聳え立つ。マーライオンとは、頭がライオンで尻尾が魚の形をした想像上の動物のことで、1972年にシンガポール川河口にその雄姿を現した。ところが、8mほどのその像は有名なわりにはインパクトが小さく、コペンハーゲンの人魚姫、ブリュッセルの小便小僧とともに「世界3大がっかり」と揶揄された。そうした事情も知ってか、95年には新たに37mの巨大なマーライオン像をセントーサに建設した。この像は内部を登ることができ、頭の部分から外の景色を眺められる。

なお、シンガポールには4カ所（Merlion Park, Sentosa, Mt. Faber, Singapore Tourism Board）に5つの公認マーライオン像があり、また、日本にも3つのマーライオン像（北海道北斗市、千葉県館山市、愛知県美浜町）が存在する。

南部：ビーチ

南部は、東端のタンジョン・ビーチ（Tanjong Beach）から西端のシロソ・ポイントまで3km近くある長いビーチとなっている。その中間にモノレールのビーチ駅があり、上の3カ所をビーチトラムが結んでいる。

海岸沿いにバーやレストランは多いのだが、どこも市内より高い。あるバーではビール小瓶1本でS$14ほどであった。セントーサの店はどこも高いので、夕食などはここでとらず、モノレールでビーチ駅からわずか3駅で着けるショッピング・センター、ビボシティーまで行くことをお勧めする。
(WA)

▲イギリス軍降伏の場面を再現した「降伏の部屋」

コラム
シンガポールの新聞が見た日本 ①

「非軍事部門で先駆的な取組みを」

我孫子 治

平和産業の技術革新への大きな期待

　シンガポールでは、英語、中国語、マレー語、タミール語と、新聞だけでも多種多彩だ。アジアの経済2大国である中国、日本への関心は、日本人の想像以上に高い。とくに、安倍晋三首相が登場した後のタカ派的な動きにはたいへん敏感だ。2013年12月の靖国神社参拝も連日報道した。

　14年2月24日付『トゥデイ』紙は「日本の武器輸出解禁の検討」というロイター情報を掲載した。日本では共産国や国際紛争に関わる国々への武器輸出を禁ずる「武器輸出3原則」が1967年に決定された。この記事は、「武器輸出やアメリカ以外の国々との武器の開発生産をすべて禁ずるのは、時の推移とともにそぐわなくなってきた。武器の共同開発が日本の安全保障を向上させるなら、新しいガイドラインを慎重に検討していく」という日本政府の見解を紹介していた。

　その後、歴史認識問題や軍事防衛費の増加、海外派兵や武器輸出に関する記事が多くなってきた。

　ただならぬ緊張が続く東アジアで、なぜこのような発言をして、近隣をいたずらに刺激するのか——表立ってはいわないが、東南アジアでよく耳にする。孫子の兵法に「戦わずして勝つのが最良」とある。IT時代の今日はすべてのビジネスがグローバルに繋がっている。日本は戦後、平和を維持し高度の技術開発と品質管理で世界に貢献してきた。だから非軍事部門で先駆的な取組みをしてほしいというのが彼らの期待だ。

　2014年5月30日、アジア安全保障サミットがシンガポールで開催された。安倍首相の演説の前にチップマン博士が次のように述べた。「何事も大変速く変化していく今日、以前のように軍備だけが支配力ではなくなった。外交、経済、市場の動き、人々のアイデアなど多くの要因が支配力をもつ。それも単なるハードだけではなく、ソフトも重要で、さらに重要なのはスピードである。」

　日本は、「素速い対応能力」の持ち味を活かして、平和に貢献する技術開発に焦点を絞り、時代の要請に応えていくほうが適していると、私は考える。

コラム
シンガポールの新聞が見た日本 ②

「正しい理解をもって共生することだ」

我孫子 治

▲『ストレーツタイムズ』（2015年2月7日）

多文化共生のシンガポール、多軸の視座

　1965年8月、シンガポール州はマレーシア連邦から追放された。共和国独立の記者会見の席上、建国の父といわれるリー・クアンユーは無念の涙を見せて20分絶句した。そして言った。「ここは、マレー人でも、中国人でも、インド人の国でもない。ここにいる全ての人は、言語、文化、宗教に関係なく平等だ」――これが、以降50年にわたる国是となった。

　2015年1月、ムハンマドの風刺画を掲載したパリの週刊誌『シャルリー・エブド』の編集部がテロ攻撃された。英字紙『ストレーツタイムズ』（2月7日付）で、12年まで駐米大使だった陳慶珠がこの風刺漫画についてコメントした。「異なった宗教や民族がともに生きていくのはたやすいことではない。だからシンガポールでは、民族や宗教上の少数派に政府は絶えず責任を持って対応してきた。多文化が融合する社会へと発展させていくためにあらゆることを試みた。折角融合してきた地域が再びそれぞれの民族に固まらないように気を配ってきた。法律は重要だが、それを社会規範にまで育てていかなければならない」

　14年12月13日付の『ストレーツタイムズ』紙は、アラビア語ならシンガポール随一のベテラン外交官王景栄にインタビューした。「異なった宗教や民族が共存していくために重要なことがある。我々はお互いが調和できるように法律を作り、例えば学校や会社での服装、何年もかけてお互いが多民族であることを理解しあえるような我々独特のルールを作ってきた。重要なのは他を許容するのではなく、正しい理解を持って共生することだ。他国との関係でも、トラブルがないことが必ずしも良い関係ではない。しかし、一緒に座ってお互いの経験を垣根を作らずに語り合うと解決できることも多い。相違点をうまく処理すると今までよりも良い結果が生まれる」

　リー・クアンユーは徹底して実現を図った。「シンガポールでは、すべての人が学び、働く時に重要なのは人種ではない、その人の能力だ。報酬は、その成果と能力に与えられる」

　日本が学ぶことは、少なからずある。

3章　エリアガイド　❺　セントーサ島地区

❻お隣りへ

1 マレーシア・ジョホール州へ
——サクッと国境を越えて

▲マレーシア・ジョホール州追悼碑、戦争関連史跡（マレーシア政府観光局の地図より制作。鈴木）

　シンガポールの工業地帯は埋め立て拡張を続けているが、それでも飽和状態であり、コストの問題から近年はマレーシア・ジョホール州の位置づけが重視されるようになっている。ジョホール州は1990年代半ばからジャングルから急速に開発され、道路や工業団地などのインフラが整備されてきている。98年には、シンガポールと結ぶ第2のコーズウェイ、セカンド・リンクが開通した。そして2006年マレーシアのアブドラ首相により発表された「イスカンダル計画」（州南部の開発をめざす）が進められている。港湾施設タンジョン・ペレパス港（PTP）にはすでに大手企業がシンガポール港から拠点を移しており、コンテナ取扱い量は増加している。またタンジョン・ランサット港は化学製品や天然ガス用に特化するなど、シンガポールの役割を補完しつつ、利益をあげている。近年は、おもちゃの「レゴ・ランド」の開業や日本人学校の開校など、さらに発展を続けている。

　1941年12月8日以来、日本軍はマレー半島を破竹の勢いで一気に南下し、イギリス軍の重要拠点であるシンガポールを陥落させた。その途中、現地住民からも自転車を奪い移動手段としたことから、「銀輪部隊」と称された（コタ・バル、クアラルンプールやシンガポールなどの博物館には共通してこうした自転車が展示されている）。そして今度はシンガポールから北上して「敵性華僑狩り」を行った。シンガ

ポールに隣接するジョホール州でもそれは大掛かりに行われた。そこでこの地にも日本軍による虐殺を記した追悼碑が何か所も建っている（『旅行ガイドにないアジアを歩くーマレーシア』参照）。

シンガポールから足を伸ばして訪ねてみてはどうだろう。

この地でシンガポールとの関係で特筆したいのは、日本軍の細菌戦関連施設である。旧満州を拠点とした731部隊はよく知られているが、そこからまず中支那防疫給水部が分離され、さらに南方軍防疫給水部（岡9420部隊）が編成された。本部は現在のシンガポール保健福祉省の建物（オートラム・パーク駅下車、ジェネラル・ホスピタル敷地内）に置かれた。

本来、軍の伝染病予防と飲用水の供給を担う防疫給水部だったが、そのための細菌研究から細菌戦・化学兵器の研究・実用化を手がけるようになったのだった。そこで、岡9420部隊はシンガポールに近いジョホール州のペルマイ精神病院を接収して、さまざまな実験に着手した。

そのために埼玉県の農家にネズミを飼育させてそれを空輸し、ペルマイ精神病院で培養したペスト菌をネズミ体内に植え付ける（毒化）ことを極秘に実行し、実際にそれは中国戦線でも使われたという。実験の途中でペスト菌に感染して死亡した日本兵もいた。

病院の建物は、外見上は以前とほとんど変わっていない。病院の前には見せしめに日本軍に殺害された2人のインド人医師のモニュメントが建っている。

現在、精神病院は他に移動し、この建物は使用されていない。

このほかクアラルンプール近郊のクアラ・ピアにも、防疫給水部が使用した学校の建物が残っている。

シンガポール保健福祉省の建物内に敷地内で虐殺された（1942年2月14日）犠牲者を追悼するプレートがあるが、建物に入る時のセキュリティ検査、特に写真撮影には大変厳しいので注意したい。建物の外に説明板がある。（許可を得て撮影）　　　　　（SU）

▲犠牲者を追悼するプレート

▲保健福祉省（もと南方軍防疫給水部本部）

▲ジョホール州の旧ペルマイ精神病院

3章　エリアガイド❻　お隣りへ

143

❻お隣りへ

2 日帰り周遊の旅
―― セカンドリンクをわたってジョホール州（JOHOR）南部へ

▲シンガポールからジョホール周遊

　ジョホール・バルとシンガポール本島を結ぶコーズウェイは、昼夜、人と車の流れが途絶えることがない。人の大半は通勤客で、国境の両側の社会が相互依存の関係にあるのがよくわかる。世界の多くの国境とその周辺地域は同様なのだろうと、ここでも実感できる。

　その緊密な関係のおかげで、観光客も気軽に出入国ができる。バスや鉄道、乗り合いタクシーなどで国境のチェックポイントへ行くと、人の流れに押されるようにして隣国に入ってしまう。その要領は一般の観光ガイドに詳しい。

　なお、もう一つのマレーシアへの陸路、セカンドリンク経由でジョホール州に入ることができる。南端地域ヌサジャヤ（NUSAJAYA）を回ってジョホール・バル市街地に入るルートの案内はあまりされていない。南端地域は新たなレジャー施設や工場の進出で急速に変貌している。それでも広大な油ヤシ園、ゴム園もあって、シンガポール島内では見られない光景を楽しむことができる。それに何よりも、マレーシアの田舎町や農村の様子もゆっくりと見られる。田舎町で昼食にすれば、その安さもよくわかる。スピード社会のシンガポールとの違いも、肌で感じられる。コーヒーショップでマレーシアコーヒーを味わうのもいい。

セカンドリンク経由でジョホール州に入る

　セカンドリンク経由でジョホール州に入るには、徒歩での通過が認められ

ていないので、レンタカーか定期バスを利用する。MRT東西線でEW24・NS1のジュロン・イースト（JURONG EAST）駅で下車。バスターミナルで1番乗り場からCW3に乗る。あるいはEW27のブーン・レイ（BOON LAY）駅で下車し、海側の大通りにあるセカンドリンク向けのバス乗り場でCW6に乗る。どちらもジョホール・バルのラーキン(LARKIN)バスターミナル行きに乗る。乗り場に係員がいるので料金を払う。セカンドリンク手前の出国事務所までノンストップで行き、手続き後に同じバスに乗車する。マレーシア側の入国事務所は数キロ内陸に入ったところある。このあとバスは高速道路経由でターミナルに向かう。

バスの旅を楽しむ

高速道路ではなく田舎町の様子を見ながら行きたい場合は、ジュロン・イーストからCW4のポンティアン（PONTIAN）行きに乗る。ポンティアンの手前のゲラン・パタ（GELANG PATAH）で下車。街中を見て回り食事などをしてから、今度はラーキン（LARKIN）行きのバスに乗ればよい。いくつもの街を経由し、乗り降りする人の様子も見られる。

頃合いの街で下車して食事や買い物でぶらつくのも、昼間なら一興だ。ラーキンのターミナルは、バザールと一体になっている。

ラーキンからはシンガポール行きに乗ればよい。時間と体力に余裕があればジョホール・バルのイミグレーションで下車した際に、出国カウンターに行かずに、市街に立ち寄ることも可能だ。ショッピングセンターに通路が続いている。

高い塔が目立つ州庁の建物の壁には戦中の弾痕を補修した痕がある。その近辺からジョホール水道を眺めることもできる。

その後はショッピングセンターから「TO SING」の標識に従い、出国カウンターへ行けばよい（かなり歩かされる）。手続き後にまたシンガポール行きのバスに乗る。急行バスの場合はラーキンで乗車した時の乗車券を見せるか、その場で料金を払う。SBSのバスであればEZ Link Cardでタッチするだけ。

SBSバスはいろいろある。市内中心部のクィーン・ストリート・ターミナル（Queen St. Terminal）発着の170番、MRTのNW24・NS1のジュロン・イースト駅発着の160番、NS9のウッドランズ（WOODLANDS）駅発着の950番などだ。170番と160番はコーズウェイに近いNS 7のクランジ（KRANJI）駅前で乗降できる。
(TA)
（セカンドリンクのバス情報のウェブサイトはwww.causewaylink.com.my）

▲ジュロン・イースト（シンガポール）のバス乗り場

▲ラーキン（マレーシア）のバス乗り場

3章 エリアガイド ❻ お隣りへ

❻お隣りへ

3 ビンタン島──巨大な総合リゾート

▲タンジュン・ピナン沖のプネェンガット（Penyengat）島に今も残るリアウ国王モスク

シンガポールからフェリーに乗り込み、約1時間揺られると、そこはもう別世界。歴史とリゾートの地・ビンタン島だ。ビンタン島はマラッカ王国（1402〜1511年）の流れを組むジョホール・リアウ王国の都タンジュン・ピナン（Tanjung Pinang）を擁し、19世紀前半にイギリスがシンガポールを貿易港として発展させるまで、この地域の貿易・文化の中心地だった。ここでは、シンガポールとの関わりに焦点をあて、ビンタン島に関するエピソードをいくつか紹介したい。

シンガポールの名づけ親

シンガポールの歴史教科書を見ると、その多くは、「スジャラ・ムラユ」（Sejarah Melayu）と呼ばれるジョホール・リアウ王国が編纂した歴史書（日本の古事記のようなもの）にある1つのエピソードで始まっている。それによると、1299年にサン・ウタマ（Sang Utama）というパレンバン（インドネシア・スマトラ島）の王族が当時テマセク（Temasek）と呼ばれていたシンガポールに上陸したところ、頭が黒く赤い胴体をしたすばしっこい動物を見かけた。サン・ウタマは不思議に思い、臣下に「あれはいったい何と言う動物だ？」と尋ねたところ、臣下は「陛下、私が耳にしたところによりますと、古代においてあれはライオンと呼ばれていたそうです」と答えた。サン・ウタマはこの話に感銘を受け、テマセクをシンガプーラ（「ライオンの町」の意）と名づけた。これがシンガポールの名の由来だといわれている。

ところで、サン・ウタマはシンガポールに上陸する9年前にビンタン島を訪れ、同地の女王と会見、のちにビンタン島の王にもなった。スジャラ・ムラユの信憑性について議論はあるが、もし上のエピソードが真実だとしたら、シンガポールの名づけ親はビンタン島の王だったことになる。

シンガポール誕生の舞台裏

　ジョホール・リアウ王国は、18世紀半ばにビンタン島に都を移し、マレー人が王位（Sultan）を世襲する一方、ブギス人は代々副官（Yang Dipertuan Muda）を任されていた。1812年、王位継承問題が勃発し、ブギス人副官が国王の次男トゥンク・アブドゥル・ラーマン（Tengku Abdul Rahman）を後継者に推したのに対し、マレー人王族は長男トゥンク・フサイン（Tengku Hussain）を次の国王にしようとして対立した。

　そうした中、オランダがブギス人の支持のラーマンをジョホール・リアウ王国の正統な国王と承認し、それと引き換えにオランダの駐在官と軍隊をビンタン島に配置した（1818年）。当時、イギリスもビンタン島を自らの貿易拠点にしようとブギス人に接近していた。それを知ったオランダが機先を制してブギス人を取り込み、イギリスを締め出したのだった。

　これに対して、イギリスのスタンフォード・ラッフルズ（Stamford Raffles）は、1819年にビンタン島対岸のシンガポールを訪れ、そこにマレー人王族が国王に推すフサインを秘かに招待し、オランダに対抗してジョホール・リアウ王国の国王に「即位」させた。そしてイギリスは、傀儡のフサイン「国王」およびシンガポールを軍事的に支配していた首長（Temenggong）との間で、イギリスの商館をシンガポールに置くことで合意した。ここに、イギリス植民地シンガポールが誕生したが、その舞台裏ではビンタン島をめぐるイギリスとオランダの勢力争いがあったのだ。

シンガポールの経済植民地？

　現在、ビンタン島というと多くの人は北部のリゾート地を思い浮かべるだろうが、その開発は、シンガポールの民間企業アイランド・レジャー・インターナショナルによって1991年に始められた。10軒近いホテルが建ち並び、ビーチ・リゾートのみならず、ゴルフ・コースやスパ施設も備えた巨大な総合リゾートとなっている。

　ビンタン・リゾートの最大の特徴は、一般住民が住む外部世界との徹底した隔離だ。インドネシア政府によって230km（東京23区の約3分の1）に及ぶ広大な敷地がリゾート用地に指定され、一般社会とリゾート用地の境界にある検問所には、銃で武装した警備員が配置されている。一般住民が敷地内に入るには通行証が必要だ。

　また、インドネシア領内にもかかわらず、ビンタン・リゾート内の共通語は英語で、通貨はシンガポール・ドルが使用され、物価はシンガポール並みかそれ以上だ。訪れる観光客も約3割はシンガポール人だそうで、シンガポール企業主導で開発されたビンタン・リゾートは、いまやシンガポールの経済植民地の観を呈している。

（WA）

▲古都タンジュン・ピナンの町並み

3章 エリアガイド ⑥ お隣りへ

旅を続けるあなたに——歩く・見る・考える

シンガポールを歩いていると、歴史的地点の記念碑などをよく見かける。その中には、暗黒の「3年8か月」の日本軍政にちなみ、日本語の碑文を刻んだものもある。そうしたものが、増え続けている。意味を考えてみたい。

代表的な事例は、政府によって建立された記念碑だ。それらには公用語の4言語だけでなく、日本語の碑文が刻まれている（98,106,124,133頁）。今では、セントーサ島シロソ砦のSYONANTO時代展示にも日本語の説明が加えられている。

それでいいのかな？

在住日本人が増え、修学旅行の高校生や一般の日本人観光客も増え続けている。日本人にはできれば避けたい話題をあえて日本語の説明付きにしたのはなぜ❓

リー・クアンユー首相が、「侵略」を「進出」と教えている日本に警鐘を鳴らしたのは、1990年のことだった（115頁）。91年に湾岸戦争後のペルシャ湾に海上自衛隊の掃海艇が派遣された時には、反対を表明した（102頁）。日本では92年6月には国連平和維持活動（PKO）協力法が成立し、9月にカンボジアPKOに自衛隊が派遣された。それでいいのか、という問いかけが、島内各地の日本語碑文には込められているようにも思える。惜しまれるのは、それらの碑文の日本語の誤りの修正が、今なお不充分であることだ。

英文展示でも明らかな事実の誤りがある。たとえば国立博物館の「シンガポール700年展」では、アジア太平洋戦争の年表の冒頭が「1941年12月7日 真珠湾奇襲攻撃、8日 コタバルで戦闘」と誤表示されていた。日本時間などに換算して比較するという初歩的な作業がされていない。2015年8月10日まで約10か月の会期中、多数の学校の生徒の見学もあったが、この誤りは会期末までそのままだった。

さらに、以前から展示されている日本軍第五師団長・松井太久郎中将の顔写真は、実は南京を占領した中支那方面軍司令官・松井石根大将のものだ。以前、両将軍の顔写真を添えて、関係者に訂正を求めたが、「イギリスの帝国軍事博物館の提供史料であるので、変更できない」とのことだった。シンガポール内の展示や書籍では、今も人違いの写真が使われている。実学重視の研究・教育方針（131頁）の結果とも思えるが、残念だ。

日本国内でも軽視されがちだった東南アジア、シンガポールとの結びつき。それを、経済面だけでなく事実に基づく歴史の再確認で強めていく。読者とともに、歩く・見る・考える旅を続けたい。

（髙嶋伸欣）

▲松井太久郎の正しい顔写真・右（『マレー進攻作戦』防衛庁）と、誤っている顔写真（"The Japanese Occupation:Singapore 1942" National Archaives）

参考文献

荒井三男『シンガポール戦記』(図書出版社、1984年)

綾部恒雄、石井米雄編『もっと知りたいシンガポール』(弘文堂、1994年)

岩川隆『孤島の土となるとも―BC級戦犯裁判』(講談社、1995年)

岩崎育夫『物語　シンガポールの歴史』(中公新書、2013年)

内海愛子「東京裁判と捕虜問題」『大阪経済法科大学アジア太平洋研究センター年報』(第11巻、2014年)

大西覚『秘録昭南華僑粛清事件』(金剛出版、1977年)

許雲樵、蔡史君編『日本軍占領下のシンガポール―華人虐殺事件の証明』(青木書店、1986年)

コーナー，E.J.H.『思い出の昭南博物館　占領下シンガポールと徳川侯』(中公新書、1982年)

小西誠『シンガポール戦跡ガイド』(社会批評社、2014年)

シンガポール日本人会『シンガポール日本人墓地　写真と記録（改訂版）』(1993年)

シンガポール・ヘリテージ・ソサエティ編『シンガポール近い昔の話　1942～1945　日本軍占領下の人びとと暮らし』(凱風社、1996年)

高嶋伸欣『旅しよう東南アジアへ―戦争の傷跡から学ぶ―』(岩波ブックレット99、1987年)

田村慶子『シンガポールの国家建設』(明石書店、2000年)

田村慶子編『シンガポールを知る65章』(明石書店、2013年)

中国新聞取材班『亜細亜からアジア』(中国新聞社、1993年)

都竹淳也「シンガポールの観光政策」『都市計画』(第49巻第6号、2001年2月)

東京銀行編『横浜正金銀行全史〈第1巻―第6巻〉』(東洋経済新報社、1980-1984年)

萩原宜之『ラーマンとマハティール』(岩波書店、1996年)

林博史『華僑虐殺―日本軍支配下のマレー半島』(すずさわ書店、1992年)

林博史『裁かれた戦争犯罪―イギリスの対日戦犯裁判』(岩波書店、1998年)

林博史『BC級戦犯裁判』(岩波新書、2005年)

林博史『シンガポール華僑粛清―日本軍はシンガポールで何をしたか』(高文研、2007年)

弘末雅士『東南アジアの港市世界』(岩波書店、2004年)

防衛庁防衛研修所戦史部『マレー進攻作戦』(朝雲出版社、1966年)

リー・ギョクボイ『日本のシンガポール占領―証言「昭南島」の三年半』(凱風社、2013年)

リー・クアンユー『リー・クアンユー回顧録―ザ・シンガポール・ストーリー』(日本経済新聞社、2000年)

琉球銀行調査部「コンベンションアイランドをめざして」(1999年)りゅうぎん総合研究所ホームページhttp://www.ryugin-ri.co.jp/tyousareport/2446.html

劉抗『チョプスイ　シンガポールの日本兵たち』(めこん、1990年)

シンガポール史略年表

シンガポール　　　　　　　　**日本と世界**

年	シンガポール
6 世紀ころ	マラッカ海峡が東西海上交易の主要ルートになる
14 世紀末	このころシンガプーラの名称定着。マラッカ王国支配下に入る
1405～33	鄭和の大航海（7 回）
1511	マラッカ王国はポルトガル領になる
1641	マラッカはオランダ領になる
1712	ジョホール王位継承争い、ブギス族の勢力拡大
1795	イギリスがマラッカを支配下に
1819	スタンフォード・ラッフルズがシンガポール領有協定獲得
1824	英蘭条約調印、マラッカ海峡で勢力圏を区分
1826	イギリス、海峡植民地（ペナン、マラッカ、シンガポール）設定
1827	裁判所開設、この頃からインド人労働者の移民始まる
1837	シンガポール商工会議所設立
1840	最初の銀行ができる。このころ錫鉱山開発進み中国人増加
1845	『ストレイツ・タイムス』創刊
1858	東インド会社解散後、イギリスのインド省がシンガポールを統治
1862	音吉が日本人初定住者に。遣欧使節団寄港
1867	イギリス、海峡植民地を直轄領とする
1877	ゴムの苗木、ロンドンから到着。マレー・ストリートに日本娼館
1879	日本領事館開設（翌年領事病死のため80～89年まで閉館）
1891	日本商社が初進出。最初の漁業移民団来る。日本人墓地が認可
1895	イギリス、マレー連合州を設置（1896年発足）
1900	孫文、シンガポールに初めて来る
1902	日本人による初の大規模ゴム園始まる
1906	中華総商会設立。孫文が中国革命同盟会支部を晩晴園に設立
1912	中国国民党支部設立。日本人学校開校
1915	インド兵800人反乱、英総督要請で日本人義勇軍鎮圧に参加。日本人会発足
1916	石原廣一郎マラヤ入植。横浜正金銀行が支店開設
1923	『南洋商報』創刊。コーズウェイ開通。関東大震災に華人義捐金
1925	南洋共産党結成される
1929	『星洲日報』創刊。ラッフルズ大学開校
1930	南洋共産党、マラヤ共産党に改組。排日運動が激化
1931	シンガポール警察、共産党員を逮捕し弾圧始まる
1937	陳嘉庚らが南僑協会を結成、抗日救国運動を行う
1938～	華僑による抗日活動活発化。「南洋華僑籌賑祖国難民総会」設立

年	日本と世界
1498	ヴァスコ=ダ=ガマ、インド到達
1543	ポルトガル人種子島漂着
1566	ポルトガル、マカオ建設
1600	イギリス東インド会社設立
1603	江戸幕府成立
1609	島津氏、琉球王国征服
1792	ラクスマン根室来航
18C後半	イギリス産業革命
1830	オランダ、ジャワで強制栽培
1825	日本・異国船打払令
1840	アヘン戦争（～42年）
1851	太平天国の乱（～64年）
1853	ペリー初来航
1856	アロー戦争
1857	インド大反乱
1868	明治新政府成立
1877	イギリス領インド帝国成立
1887	仏領インドシナ連邦成立
1894	日清戦争
1899	フィリピン対米独立戦争
1900	義和団事件
1904	日露戦争
1905	イランで立憲革命
1910	日本、韓国併合
1911	中国で辛亥革命
1914～1918	第1次世界大戦
1915	日本、対華21カ条の要求
1917	ロシア革命
1918	シベリア出兵
1919	朝鮮3.1運動、中国5.4運動
1920	国際連盟設立
1922	ソ連成立
1925	日本、治安維持法
1928	パリ不戦条約
1928	日本、張作霖爆殺事件
1929	世界大恐慌おこる
1931	満州事変
1932	満州国建国、日本5.15事件
1933	ドイツ・ナチス政権成立 米ニューディール政策
1937	盧溝橋事件→日中全面戦争
1939	第2次世界大戦始まる
1940	日本、北部仏印進駐 日独伊三国軍事同盟
1941	独ソ戦はじまる 日本、南部仏印に進駐 日本、アジア太平洋戦争

年表

	シンガポール		日本と世界
1938	シンガポール軍港完成		
1940	イギリス、極東軍総司令部新設		
1941	日本軍、マレー半島上陸作戦。対米英戦争開始		
1942	日本軍、シンガポール占領、「昭南島」と改称、華僑虐殺実施	1942	日本、東南アジアを支配 ミッドウェー海戦で敗北
	日本軍、マレー半島でも敵性華僑掃討実施。5千万S$献金強制	1945	ヤルタ会談、国際連合結成
1943	チャンドラ・ボース、インド国民軍結成	1945	日本降伏
1945	イギリス軍政の再開、シティ・ホールで日本軍降伏調印式		
1946	再度、英国の直轄植民地となる、戦犯裁判始まる	1946	チャーチル 「鉄のカーテン」演説
1947	チャンギ刑務所で日本人戦犯135人処刑	1947	日本国憲法施行
1948	マラヤ連邦発足。マラヤ共産党武力闘争宣言	1948	朝鮮分裂、世界人権宣言
	非常事態宣言(～1960年)、第1回選挙、新立法議会成立	1949	ソ連原爆保有
		1950	朝鮮戦争特需景気
1954	人民行動党(PAP)結成	1952	サンフランシスコ講和条約 日米安保条約
1955	新憲法が議会を通過、総選挙、マーシャル内閣発足	1954	ビキニ水爆実験
1956	南洋大学開校		
1957	マラヤ連邦独立	1955	アジア・アフリカ会議
1959	総選挙でリー・クアンユーの人民行動党(PAP)圧勝	1956	日本、国際連合加盟
	イギリス連邦内で自治領として独立宣言、リー首相就任	1960	「アフリカの年」年 日米安保反対闘争
1962	「血債問題」が表面化	1961	ベルリンの壁建設
1963	マレーシア連邦発足、シンガポールも参加	1962	キューバ危機
	「血債問題」で対日要求大会開催、TV放送開始。PAP大勝	1963	部分的核実験停止条約
1964	シンガポールで華人とマレー人の「民族対立事件」	1965	米、ベトナム戦争直接介入 日韓基本条約締結 インドネシア9.30事件
1965	マレーシア連邦から分離独立、国際連合加盟		家永教科書裁判始まる
	ジュロン港開設、その後工業地帯に発展	1966	国際人権規約
1966	教育現場で2言語政策導入。「血債問題」決着		
1967	ASEAN結成に参加、『日本佔領時期死難人民紀念碑』除幕	1971	ドル・ショック
1968	総選挙でPAP全議席独占(～81年)	1972	沖縄復帰。日中共同声明
1971	イギリス軍撤退、『南洋商報』幹部逮捕、長髪禁止	1973	第1次石油ショック
70年代前半	この頃からNICs／NIEsとして経済成長が著しくなる	1975	ベトナム戦争終結
		1977	「福田ドクトリン」発表
1974	田中角栄首相東南アジア訪問、各国で抗議デモ	1982	教科書検定問題
1979	「標準中国語を話そう」キャンペーン始まる。中国と経済協定	1985	ソ連ゴルバチョフ政権
1987	初の地下鉄(MRT)南北線の一部が開通	1989	天安門事件。冷戦終結
1991	湾岸戦争後に日本の掃海艇が寄港。ゴー・チョクトン首相就任。 中国との国交樹立	1991	湾岸戦争。ソ連解体
		1993	高嶋教科書裁判。河野談話。 非自民政権成立
1997	アジア通貨危機	1995	村山首相、戦争責任談話
1998	ジョホール州との間にセカンド・リンク開通	1997	香港返還。アジア通貨危機
		1998	日本、金融危機
2001	イスラーム過激派組織メンバーを国内治安法で逮捕	1999	国旗・国歌法成立
2004	リー・シェンロンが第3代首相に就任	2001	米同時多発テロ事件 扶桑社教科書問題
2008	シンガポールF1グランプリ始まる	2003	イラク戦争
2010	カジノ開業(マリーナ・ベイ・サンズとセントーサ島)	2004	自衛隊イラク派遣
2011	総選挙でPAPが歴史的敗北(得票率約60%)	2008	リーマン・ショック
2015	リー・クアンユー初代首相死去	2015	安保法制成立

出典『現代アジアの肖像14ラーマンとマハティール』萩原宜之、岩波書店,1996年『資料集シンガポール』シンガポール日本人学校など

151

おわりに

●どのような場所にも、意識することで「歴史」が存在する。それが、人が人として生きられなかった歴史の場合もある。多くの街では意識的であるなら、その傷痕がいくつも見えてくる。シンガポールもその一つだ。歴史を体感するには、構造を学び、そして現場を歩いて追体験を試みることが大切だと思う。そこから過ちを知り、自らの視野を拡げ、他者への寛容な精神を持つことが、人類の知恵であり、グローバリゼーションの時代にこそ必要なことだ。

　日本からも多くの人々が訪れるシンガポールを、そうした「まなざし」を持って歩いてもらえたら、とこの本を作ってきた。過日、映画『ミケランジェロ・プロジェクト』を観た。ナチスが奪った芸術品を取り戻す実話がベースで、監督・脚本・主演のジョージ・クルーニーは語る。「芸術品には人の歴史と生命が関わっている」と。原題の"ザ・モニュメンツ・メン"が心に刻まれる言葉だった。シンガポールに今も残る戦跡や建物などのモニュメントから、なぜ不幸な事実が起きたのか、私たちはその経験をどう活かしていけばいいかを考え、行動するきっかけにしてもらえれば幸いだ。　（鈴木　晶）

●はじめてシンガポールを訪れたのは1965年。「若者よ、東南アジアを知ろう」（PANA通信社主催）というスタディーツアーでした。多民族の共生する活気に満ちた姿は、印象的でした。

　あれから半世紀。その変貌ぶりに目を見張るばかりです。清潔で緑あふれる近代的な美しい街には、戦争の傷跡などほとんど見当りません。

　街で、ブック型の記念碑に出会うこ

とがあります。これは政府が建てたもので、日本軍の占領時代の史実を記録したものです。また、毎年2月15日には「血債の塔」の前で犠牲者への追悼行事が行われ、小学生も参加しています。「忘れてはならない暗黒時代」との思いが継承されています。

　編集会議は、原稿について議論を重ねる学びの場でもあり、シンガポールの過去と現在に向き合うことになりました。70年経っても「昭南時代」の苦しみと悲しみは癒えていないことを心に刻みました。

　この書がシンガポールの過去と現在を見つめるためにお役に立てば幸いです。　　　　　　　　（髙嶋　道）

●一般のシンガポールのガイドブックを開くと、まず目に飛び込んでくるのは、マリーナベイ・サンズのシルエット、セントーサ島のビーチリゾートといった近代的な観光地の姿でしょう。若い世代のシンガポール人は親日的なので、こうしたガイドブックに紹介されている観光地をまわるだけでは、かつて日本軍がシンガポールを占領し、罪の無い多くの人々を虐殺したことを感じることはほとんど不可能かもしれません。しかし、シンガポール人は歴史教育やマスコミを通じて日本が占領中に何をしたかをみな知っています。広島や長崎を訪れるアメリカ人が、原爆を落とした事実を知ろうとしないのは被爆者に対して失礼であるのと同じように、シンガポールを訪れる日本人が、日本軍が行った虐殺や圧政について知ろうとしないとしたら、地元の人の目には非常識な人と映るでしょう。このガイドブックが、日本軍がシンガポールで残した深い爪痕を理解するきっかけとなり、日本人とシンガポール人の真の友好関係を築く一助となればうれしいです。　　　（渡辺洋介）

索 引

あ 行

アジア太平洋戦争 …… 47, 52, 112, 148
アレキサンドラ病院 ……………… 86, 120
慰安所「ちふね」……………… 117, 121
石川島播磨重工IHI ………… 20, 48, 127
板垣征四郎 …………………………… 60
136部隊 …………………………… 58, 80
インド国民軍（INA）…… 58, 79, 80, 98
ウビン島 ……………………… 104, 119
援蒋ルート ………………………… 97
大石正幸 ………………………… 53, 61
岡9420部隊 ……………………… 143
越智春海 …………………… 88 〜 91
音吉 …………………………… 45, 109

か 行

華僑義勇軍（ダルフォース）… 53, 72, 119,
120
カジノ ………………… 23, 26, 78, 138
からゆきさん ……………… 46, 83, 109
河村参郎 …………………………… 52, 61
切手博物館 ………………………… 56
紀伊国屋書店 ……………………… 92
旧フォード工場記念館（Memories at Old
Ford Factory）…… 87, 117, 121, 122
銀輪部隊 ……………… 47, 81, 122, 142
クランジ海岸 …………………… 98,120
クランジ連合国軍墓地 …… 62, 119, 121
軍票 ……………………………… 58, 59
血債の塔 ……… 8, 67, 79, 92, 101
血債問題 ………………… 48, 66, 101
憲兵隊東支部 ……………………… 87, 98
コイン＆ノート博物館 ……………… 56
皇民化教育 ………………………… 58, 123
胡錦濤 ……………………………… 97
国内治安法（ISA）………… 34, 36 〜 38
国立図書館（National Library）… 83, 93

コタ・バル …………………… 47, 142
コーヒー・ショップ ………………… 28

さ 行

作業隊 …………………………… 113
サリンブン海岸 ………… 119,124, 128
サン・ウタマ ……………………… 44, 146
ジェネラル・ホスピタル博物館　56, 69, 81,
120, 143
謝昭思 ……………… 58, 123, 134, 135
住宅開発庁（HDB）……………… 29, 132
粛清 …… 52, 53, 65, 68, 72, 74,95,98,
114, 116
自由貿易港 ………………… 22, 45
ジュロン＝クランジ防御線 …… 98, 133
昭南神社 ………………… 58, 60,87, 133
昭南島 ………………… 53, 58, 86, 122
ジョホール砲台 …………………… 63
ジョホール・リアウ王国 ……… 44, 146
シロソ砦 …………………… 60, 139
辛亥革命 ……………………… 94, 95
シンガポール義勇軍 ……………… 71
シンガポール国立大学 …………… 130
シンガポール・プレス・ホールディングス
（SPH）……………………… 36
シングリッシュ …………………… 33
晋江会館 …………………………… 81
人民行動党（PAP）… 16, 17, 19, 32, 48
ストレーツ・タイムズ(Straits Times)…… 36,
37, 82, 93, 141
セノタフ（Cenotaph）……………… 80
セララン・バラック ………………… 63
セントーサ …… 23, 55, 60, 82, 98, 138,
148
戦犯裁判 …………… 60, 64, 65, 79, 81
総合リゾート(IR) ………………… 23
孫中山南洋紀念館 ………………… 95
孫文 ………………………… 94, 95

INDEX

た 行

大検証 ······· 47, 52, 53, 55, 61, 62, 65,
　66, 68, 72, 74, 81, 83, 98, 99, 100,
　114, 115, 123
大衆書局 ························· 92
泰緬鉄道 ············· 58, 61, 62, 85, 123
正しい英語を話そう運動（Speak Good
　English Movement）····················· 33
ダルフォース ··················· 72, 119
タン・カーキー（陳嘉庚）···· 36, 46, 96
チャンギ海岸 ······················· 55, 105
チャンギ空港 ····················· 62, 74, 104
チャンギ刑務所 ················· 62, 79, 105
チャンギ・チャペル＆博物館
　······························· 60, 62, 105
中華総商会 ···················· 66, 80
忠霊塔 ······························· 117
辻政信 ······················· 52, 55, 65
敵性華僑狩り ····························· 142
寺内寿一 ····························· 113
東京裁判 ······························· 64
東郷平八郎 ····························· 51
鄧小平 ······························· 96
東条英機 ····························· 122

な 行

永瀬隆 ····························· 63, 86
南僑機工 ······················· 96, 123
南洋華僑籌賑祖国難民総会（南僑総会）
　······························· 46
日本軍宣伝工作部本部 ················ 77, 98
日本人会 ·········· 44, 46, 48, 108, 109
日本人学校 ············· 46, 49, 108, 136
日本人墓地公園 ············ 46, 108 ～ 113
日本佔領時期死難人民紀念碑　8, 48, 67
日本に学べキャンペーン ······· 103, 137

は 行

パーシバル ·····························
　　　57, 82, 90, 119, 120, 122
パシル・パンジャン ·· 56, 98, 100, 123
パダン ······························· 24
バナナ・ノート ····························· 59
晩晴園 ······················· 94, 95
ビクトリア・メモリアル・ホール
　······························· 61, 65, 81
BC級戦犯 ························64, 72, 73
非常事態（Emergency）······· 34, 48, 96
ブギス人 ······················· 22, 146
ブキ・チャンドゥ回想館 ········ 56, 100
ブキティマ ········ 54, 60, 98, 116, 117,
　　　　　　　　　119 ～ 122
ブキ・バト慰霊塔 ······· 58, 60, 98, 117,
　　　　　　　　　121
福澤諭吉 ····························· 45
二木多賀治郎 ··············· 46, 108, 112
二葉亭四迷 ····························· 112
フードコート ····························· 28
ブラスバサー・コンプレクス（百勝楼）
　······························· 92
フラトン・ホテル ················ 57, 80
プラナカン ····················· 31, 45
プラナカン博物館 ····················· 82
プリンス・オブ・ウェールズ ····· 51, 79
ペルマイ病院 ····························· 143
奉納金 ······························· 59
ボタニック・ガーデン（植物園）···· 84, 85
ホッカー・センター ··············· 28 ～ 31
ポンゴール海岸 ············· 55, 98, 115

ま 行

マーライオン ············· 57, 78, 80, 139
マウントバッテン ··············· 60, 99, 113
マラヤ人民抗日軍（MPAJA）············ 58
マラヤ連合 ····························· 47
マラヤ連邦 ····························· 48

154

マレー沖海戦 ……………………………… 51
マレーシア連邦 ……… 17, 20, 34, 41, 48
マレー鉄道（KTM）……………… 117, 125
マレー連隊 …………………………… 100, 120
三菱重工 …………………………………… 21, 127

や 行

山下奉文 …………… 52, 59, 71, 119, 122
ユーラシア人 ……………………………… 58
ユーラシアン義勇軍 ……………………… 79
横浜正金銀行 ……………………………… 59

ら 行

ラッフルズ …… 22, 23, 24, 45, 81, 145
ラッフルズ・ホテル ……… 24, 79, 82, 83
ラブラドル砲台 ………………………… 98, 100
リー・クアンユー（李光耀）………………
　　　　　　　9, 17, 20, 78, 79, 87, 102, 141
リム・ボーセン（林謀盛）……… 80, 133
レパルス……………………………………51, 79
聯合早報………36, 69, 93, 97, 102, 107

INDEX

155

著者プロフィール ……………………………………………………………………………………

髙嶋伸欣　たかしま　のぶよし
　1942年生まれ。琉球大学名誉教授。高校教諭だった1975年以来、東南アジアでの皇
軍による住民迫害を調査。その記述を削除させた検定に対し、横浜で教科書裁判を提訴
（1993）。一審は勝訴、高裁・最高裁（2005）は敗訴。81年度「日本史」教科書検定で
沖縄戦住民虐殺の記述削除以来、07年の「集団自決」歪曲検定への抗議など、沖縄と教
科書問題にも取り組んでいる。
　『80年代の教科書問題』（新日本新書、1984）『旅しよう東南アジアへ』（岩波ブック
　レット、1987）『拉致問題で歪む日本の民主主義』（スペース伽耶、2006）『旅行ガイ
　ドにないアジアを歩く─マレーシア』（共著、梨の木舎、2010）

鈴木　晶　すずき　あきら
　1960年生まれ。横浜市内高校教員。元大学講師。各地を旅して戦争について考え始め、
髙嶋伸欣氏主宰のマレー半島スタディ・ツアーに参加。教育活動として地元・横浜を出発
点に部活動「グローカリー」などで若者と近現代史の現場を歩き、「フィールドの知」を
深める活動を続ける。また東南アジアの戦争証言者を招く活動や、教科書問題を考える活
動に関わるなどして、「地球市民」のあり方に取り組んでいる。
　『神奈川県の戦争遺跡』（共著、大月書店、1996）

髙嶋　道　たかしま　みち
　元私立北鎌倉女子学園中・高等学校教員。髙嶋伸欣の東南アジアでの日本軍の住民虐殺
の調査に80年代から時折同行。またマレー半島スタディー・ツアーに参加。犠牲者や遺
族との交流や和解の活動を続けている。教科書問題を考える「教科書・市民フォーラム」
の活動に携わる。
　『知っておきたい東南アジアII（共著、青木書店、1994）『人物で読む近現代史上』（共
　著、青木書店、2001）『育鵬社教科書をどう読むか』（共著、高文研、2012）

渡辺洋介　わたなべ　ようすけ
　1970年生まれ。歴史研究家。シンガポール留学中に髙嶋伸欣氏と知り合い、2011年か
ら同氏主催のマレー半島スタディーツアーに参加。アジアフォーラム横浜、歴史認識と東
アジアの平和フォーラム、東アジア青少年歴史体験キャンプなどアジアにおける国際交流
と相互理解を促進する活動に取り組んでいる。
　「シンガポールにおける皇民化教育の実相」（『大東亜共栄圏の文化建設』収録、人文
　書院、2007）、「歴史教科書に見る『戦争の記憶』」（『シンガポールを知るための65
　章』収録、明石書店、2013）

陸培春　ル・ペイチュン
　1947年生まれ。東京外国語大学卒業。元『聯合早報』記者で、現在はマレーシア在住。

田中由紀子　たなか　ゆきこ
　4人の子育て後、市民運動に。差別と人権侵害がいまなお続く朝鮮学校の子どもたちの
支援に関わる。他者を排除しようとする日本社会の問題として。

我孫子　治　あびこ　おさむ
　2003年よりシンガポールに駐在。200人14カ国の社員と働いた経験を活かし、留学セ
ンターの現地アドバイザーとして日本の若者をサポートしている。

我孫子 洋子　あびこ　ようこ
　外食中心のシンガポールにヘルシーな日本食を広めるべく、地元の公民館で料理教室を
開催中。2004年シンガポールの「PR保持者」として在住。

吉池俊子　よしいけ　としこ
　元法政女子高校教諭。法政大学非常勤講師。

旅行ガイドにないアジアを歩く　シンガポール

2016年2月15日　　初版発行

著　者：　髙嶋伸欣・鈴木　晶・髙嶋　道・渡辺洋介

装　丁：　宮部浩司

発行者：　羽田ゆみ子

発行所：　梨の木舎
　　　　　〒101-0051 東京都千代田区神田神保町1—42
　　　　　TEL　03(3291)8229
　　　　　FAX　03(3291)8090
　　　　　Eメール　nashinoki-sha@jca.apc.org
　　　　　　　　　　http://www.jca.spc.org/nashinoki-sha/

DTP・地図作成：具羅夢　　　　印刷：㈱厚徳社

●シリーズ・教科書に書かれなかった戦争──既刊本の紹介●

1.	教科書に書かれなかった戦争	アジアの女たちの会編	1650 円	
2.	増補版 アジアからみた「大東亜共栄圏」	内海愛子・田辺寿夫/編著	2400 円	
3.	ぼくらはアジアで戦争をした	内海愛子編	1650 円	
4.	生きて再び逢ふ日のありや─私の「昭和百人一首」	高崎隆治撰	1500 円	在庫僅少
5.	増補版 天皇の神社「靖国」	西川重則著	2000 円	在庫僅少
6.	先生、忘れないで！	陳野守正著	2000 円	
7.	改訂版 アジアの教科書に書かれた日本の戦争─東アジア編	越田稜編著	2200 円	
8.	増補版 アジアの教科書に書かれた日本の戦争─東南アジア編	越田稜編著	2500 円	
9.	語られなかったアジアの戦後─日本の敗戦・アジアの独立・賠償	内海愛子・田辺寿夫編著	3107 円	品切
10.	増補版 アジアの新聞が報じた自衛隊の『海外派兵』と永野発言・桜井発言	中村ふじゑ他翻訳・解説	2700 円	
11.	川柳にみる戦時下の世相	高崎隆治選著	1825 円	
12.	満州に送られた女たち大陸の花嫁	陳野守正著	2000 円	品切
13.	増補版 朝鮮・韓国は日本の教科書にどう書かれているか	君島和彦・坂井俊樹編/著	2700 円	在庫僅少
14.	「陣中日誌」に書かれた慰安所と毒ガス	高崎隆治著	2000 円	
15.	ヨーロッパの教科書に書かれた日本の戦争	越田稜編著	3000 円	
16.	大学生が戦争を追った─山田耕筰さん,あなたたちに戦争責任はないのですか	森脇佐喜子著・解説高崎隆治・推薦内海愛子	1650 円	
17.	１００冊が語る「慰安所」・男のホンネ	高崎隆治編・著		品切
18.	子どもの本から「戦争とアジア」がみえる─みんなに読んでほしい 300 冊	長谷川潮・きどのりこ/編著	2500 円	
19.	日本と中国 - 若者たちの歴史認識	日高六郎編	2400 円	品切
21.	中国人に助けられたおばあちゃんの手からうけつぐもの	北崎可代著	1700 円	
22.	新装増補版・文玉珠 - ビルマ戦線楯師団の「慰安婦」だった私	語り・文玉珠/構成と解説森川万智子	2000 円	
23.	ジャワで抑留されたオランダ人女性の記録	ネル・ファン・デ・グラーフ著	2000 円	
24.	ジャワ・オランダ人少年抑留所	内海愛子他著	2000 円	
25.	忘れられた人びと─日本軍に抑留された女たち・子どもたち	S・F・ヒュ─イ著・内海愛子解説	3000 円	
26.	日本は植民地支配をどう考えてきたか	和田春樹・石坂浩一編	2200 円	
27.	「日本軍慰安婦」をどう教えるか	石出法太・金富子・林博史編	1500 円	
28.	世界の子どもの本から「核と戦争」がみえる	長谷川潮・きどのりこ/編著	2800 円	
29.	歴史からかくされた朝鮮人満州開拓団と義勇軍	陳野守正著	2000 円	
30.	改訂版 ヨーロッパがみた日本・アジア・アフリカ─フランス植民地主義というプリズムをとおして	海原峻著	3200 円	
31.	戦争児童文学は真実をつたえてきたか	長谷川潮著	2200 円	
32.	オピンの伝言─タイヤルの森をゆるがせた台湾・霧社事件	中村ふじゑ著	2200 円	

33. ヨーロッパ浸透の波紋 　　―安土・桃山期からの日本文化を見なおす	海原峻著	2500 円	
34. いちじくの木がたおれぼくの村が消えた― 　　クルドの少年の物語	ジャミル・シェイクリー著	1340 円	
35. 日本近代史の地下水脈をさぐる 　　―信州・上田自由大学への系譜	小林利通著	3000 円	
36. 日本と韓国の歴史教科書を読む視点	日本歴史教育研究会編	2700 円	品切
37. ぼくたちは 10 歳から大人だった 　　―オランダ人少年抑留と日本文化	ハンス・ラウレンツ・ズ ヴィッツァー著	5000 円	
38. 女と男のびやかに歩きだすために	彦坂諦著	2500 円	
39. 世界の動きの中でよむ　日本の歴史教科書 　　問題	三宅明正著	1700 円	
40. アメリカの教科書に書かれた日本の戦争	越田　稜著	3500 円	
41. 無能だって？それがどうした ?! 　　―能力の名による差別の社会を生きるあなたに	彦坂諦著	1500 円	
42. 中国撫順戦犯管理所職員の証言―写真家新井 　　利男の遺した仕事	新井利男資料保存会編	3500 円	
43. バターン遠い道のりのさきに	レスター・I. テニー著	2700 円	
44. 日本と韓国の歴史共通教材をつくる視点	歴史教育研究会編	3000 円	品切
45. 憲法9条と専守防衛	箕輪登・内田雅敏 / 著	1400 円	
47. アメリカの化学戦争犯罪	北村元著	3500 円	
48. 靖国へは行かない。戦争にも行かない	内田雅敏著	1700 円	
49. わたしは誰の子	葉子・ハュス - 綿貫著	1800 円	
50. 朝鮮近代史を駆けぬけた女性たち３２人	呉香淑著	2300 円	
51. 有事法制下の靖国神社	西川重則著	2000 円	
52. わたしは、とても美しい場所に住んでいます	基地にＮＯ!アジア・女たち の会編	1000 円	
53. 歴史教育と歴史学の協働をめざして 　　―ゆれる境界・国家・地域にどう向きあうか	坂井俊樹・浪川健治 / 編 著	3500 円	
54. アボジが帰るその日まで	李熙子・竹見智恵子 / 著	1500 円	
55. それでもぼくは生きぬいた 　　―日本軍の捕虜になったイギリス兵の物語	シャーウィン裕子著	1600 円	
56. 次世代に語りつぐ生体解剖の記憶 　　― 元軍医湯浅さんの戦後	小林節子著	1700 円	
57. クワイ河に虹をかけた男―元陸軍通訳永瀬隆 　　の戦後	満田康弘著	1700 円	
58. ここがロードス島だ、ここで跳べ、	内田雅敏著	2200 円	
59. 少女たちへのプロパガンダ 　　―「少女倶楽部」とアジア太平洋戦	長谷川潮著	1500 円	
60. 花に水をやってくれないかい？ 　　― 日本軍「慰安婦」にされたファン・クムジュの物語	イ・ギュヒ著 / 保田千世： 訳	1500 円	
61. 犠牲の死を問う―日本・韓国・インドネシア	高橋哲哉・李泳采・村井吉 敬 / コーディネーター内海愛子	1600 円	
62. ビデオ・メッセージでむすぶアジアと日本 　　――わたしがやってきた戦争のつたえ方	NPO 法人ブリッジフォー・ ピース　神直子 著	1700 円	
63. 朝鮮東学農民戦争を知っていますか？ 　　――立ちあがった人びとの物語	著者：宋基淑（ソンギスク） 訳者：仲村修　漫画：大越京子	2800 円	

20. 46. 欠番　価格は本体表記（税抜）

旅行ガイドにないアジアを歩く

マレーシア

高嶋伸欣・関口竜一・鈴木　晶 著
A5判変型／192頁／定価2000円＋税

● 目次　1章 マレーシアを知りたい　2章 クアラ・ルンプールとその周辺　3章 ペナン島とその周辺　4章 ペラ州　5章 マラッカとその周辺　6章 ジョホール・バルとその周辺　7章 マレー半島東海岸　8章 東マレーシア

「マラッカ郊外の農村で村の食堂に入り手まねで注文した。待つ間に年配の店員が出てきて「日本人か」と聞いた。「それでは戦争中に日本軍がこのあたりで住民を大勢虐殺したのを知っているか」と。ここからわたしの長い旅がはじまった」（はじめに）

978-4-8166-1007-3

教科書に書かれなかった戦争

㉒文玉珠（ムンオクチュ）ビルマ戦線　楯師団の「慰安婦」だった私［新装増補版］

語り・文玉珠／構成と解説・増補版解説　森川万智子
A5判／266頁／定価2000円＋税

● 目次1大邱に生まれて／2「満州」東安省へ／3南の国へ／4マンダレーの日々／5最前線へ／6地獄に近い島・アキャブ／7退却―プローム、そしてラングーン／8軍法会議／9解放、母のもとへ　解説・増補版に寄せて・増補版解説

増補版は、森川さんの3回のビルマ取材と新資料「朴氏の日記」によって、文さんの足跡をさらに裏付ける。――日本軍は、「戦争遂行のために、もっとも蔑んだ形で女性を軍人にあてがった」（著者）
第16回山川菊栄賞受賞

978-4-8166-1501-6

㊿朝鮮東学農民戦争を知っていますか？
――立ちあがった人びとの物語

著者：宋基淑（ソンギスク）訳者：仲村修　漫画：大越京子
A5判／286頁／定価2800円＋税

まさに、教科書に書かれなかった日清戦争と東学農民戦争です。日清戦争は、日本と清が朝鮮を支配しようと、朝鮮半島で争った戦争でした。がさらにもうひとつのシーンがあります。清が日本に負けて朝鮮から撤退したあとも、日本は居座って、朝鮮政府を手中にして、今度は農民軍を殲滅するのです。…！

978-4-8166-1504-7

たとえ明日世界が滅びるとしても
――元BC級戦犯から若者たちへの遺言

飯田進 著
四六判／312頁／定価2000円＋税

「戦争犯罪人」であることの意味を執拗に考え続けた著者が、戦争をくぐり抜けた世代の鋭敏な嗅覚でとらえた危機感から突き動かされるようにして書かれたのが本書である。なかでも愛真高校生への手紙は感動的である。70歳以上も年の離れた高校生に自らの体験を真摯に語る。正に次世代に向けた遺言の書である。

978-4-8166-1404-0

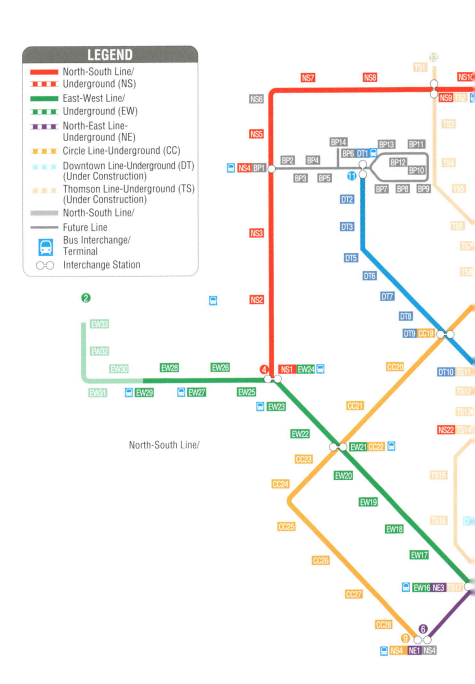

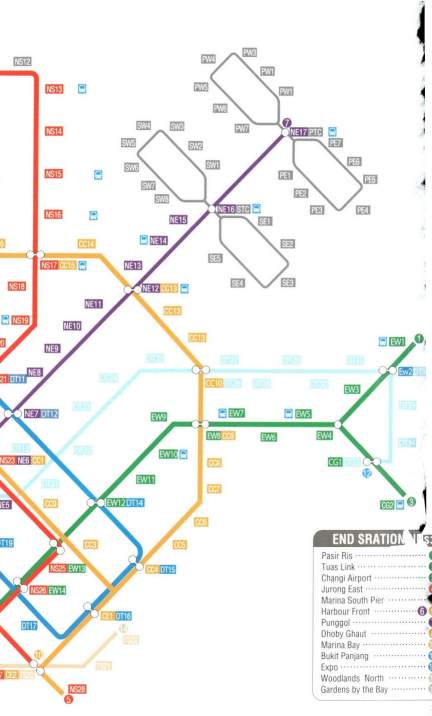

日本人墓地公園への道順

ISBN978-4-8166-1601-3
C0026 ¥2000E

定価：本体2000円+税

梨の木舎

MRTのＮＥ12／CC13のSERANGOON駅下車。地上に出てB01バス停から43、70、103かB13のバス停から147のバスに乗車。広い道路のYIO CHU KANG RDに入ってからB09のバス停で下車。すぐ手前の信号を渡って、CHUAN HOE AVEに入って、住宅街を約500m先の左手が日本人墓地公園。

日本人墓地公園

MRT〈NE12・CC13-SERANGOON〉駅下車。
B01 で♯43、70、103バス乗車か
B13 で♯147バス乗車。